KB063967

블라디보스토크
하바롭스크
독립운동가의 길을 가다

블라디보스토크·하바롭스크
독립운동가의 길을 가다

초판 1쇄 발행 2019년 11월 10일
초판 2쇄 발행 2020년 2월 17일

저 자 박 환

펴낸이 윤관백
펴낸곳 도서출판 선인

등 록 제5-77호(1998. 11. 4)
주 소 서울특별시 마포구 마포대로 4다길 4
전 화 02-718-6252
팩 스 02-718-6253
E-mail sunin72@chol.com

정 가 12,000원

ISBN 979-11-6068-311-0 03900

블라디보스토크 하바롭스크

독립운동가의 길을 가다

박 환

|들어가며|

블라디보스토크는 러시아 공화국 극동지방 남동쪽 끝에 있는 연해주의 중심도시이다. 동해에 면해 있으며 무라비요프 아무르스키 반도의 남단, 금각만 연안에 위치한 도시로서 태평양 방면에서의 이 나라 굴지의 항만도시이다. 항구는 11월부터 3월까지 결빙하지만 쇄빙선을 이용하여 겨울에도 사용할 수 있는 장점을 가지고 있다. 도시의 이름은 "동방(보스토크)을 정복하자(블라디)"라는 러시아어에서 유래한다. 중국명은 하이첸웨이이다. 1860년에 러시아 해군기지로 개항하여 19세기 말부터 20세기 초 러시아 극동정책이 활발해짐에 따라 경제적, 군사적으로 그 중요성이 높아졌다. 20세기 초 시베리아 철도의 개통으로 러시아 중심부와 육로로 직결되면서 철도의 종점으로서 국제적 의의도 높아졌다. 그리고 한국독립운동사와 관련하여서도 한국독립운동의 최대 근거지 가운데 하나였다. 특히 이곳 블라디보스토크는 안중근 의사의 혼이 숨쉬는 곳이기도 하다. 이등박문을 처단하기 위하여 고민하며 걷던 해변이 있으며, 하얼빈으로 출발했던 블라디보스토크역이 있다. 또한 제2의 장보고로 블리우는 무역상이자 거부, 해조신문 사장 최봉준을 그려볼 수 있는 곳. 크라스키노에서는 안중근의 단지동맹비와 안중근 의사의 든든한 후원자 최재형과 간도관리사 이범윤, 13도의군 총사령관 류인석 유적들이, 그리고 우수리스크에는 헤이그 밀사였던 이상설, 발해연구가 장도빈 등의 역사가 남아 있기도 하다.

하바롭스크는 아무르강이 흐르는 역사적인 도시이자 교통의 요지이다. 이곳에서 이동휘, 김알렉산드라 등은 한인사회당을 결성하였으며, 가열찬 항일투쟁을 전개하였다, 또한 낙동강의 저자로 알려진 조명희 등 지성인들은 스탈린의 고려인 강제이주에 저항하여 처형당하는 비운을 겪기도 하였다.

블라디보스토크와 우수리스크, 크라스키노, 하바롭스크 등 극동지역은 이처럼 역사적으로 그리고 현재에도 미래에도 우리와 깊은 인연을 맺고 맺어갈 아름다운 곳이다. 1990년대 초부터 이 지역을 거의 30년 동안 방문했던 필자에게는 이곳은 마음의 고향과 다름없는 그리운 곳이기도 하다. 최근에 이 지역을 방문하는 관광객의 수가 많이 증가하고 있음에도 불구하고 블라디보스토크와 하바롭스크를 적절하게 안내해 줄 책자가 없어 안타까웠다. 이에 필자는 이 지역의 러시아의 명소와 한국인의 숨결을 함께 느껴볼 수 있는 책자의 간행을 구상하게 되었다.

본서의 간행을 위해 도움을 주신 블라디보스토크의 박상태, 김경재, 박유은, 이창준, 장원구, 이원석, 이기욱, 송지나, 하바롭스크의 김종필 등 여러분께 진심으로 감사드린다. 아울러 연해주교민회, 블라디보스토크 총영사관, 재외동포재단, 최재형기념사업회, 국가보훈처, 독립기념관, 민속원 등에도 고마움을 전한다. 끝으로 항상 격려와 도움을 주시는 고려학술문화재단 설립자 장치혁 회장께도 감사의 인사를 올린다.

2019. 10. 문화당에서 필자

|차 례|

들어가며 · · · · · · · · · · · · · · · · 4

(1부) 가장 가까운 유럽, 블라디보스토크

항일운동의 요람 신한촌 · · · · · · · · · · · · 21
새로운 한인마을 신한촌 22·대한민국임시정부 초대국무총리 이동휘 집터 26
권업회, 권업신문사 27·3·1운동의 상징 독립문(독립문터) 29
한인들이 살았던 흔적 서울거리 31·연해주 신한촌 기념탑 33·한민학교 34
뻬르바야레치카역 36

관광명소 · 뻬르바야레치카 재래시장 37·포크롭스키 러시아정교 사원 38

아는 만큼 보인다 · 이동휘의 순국과 장례 39

구한말 국권회복운동의 근거지 개척리 · · · · · · · · · 43
한인들의 첫 정착지 개척리 44·개척리터 48·해조신문사 49·대동공보사 50
러·청은행 52

관광명소 · 블라디보스토크 요새 박물관 52·해양공원 54·아르바트 거리 55·국경박물관 56
연해주미술관 56

추천숙소 · 롯데호텔 58·수퍼스타 게스트하우스 58·소울키친 60·베르살호텔 61
아지므트 호텔 62

아는 만큼 보인다 · 조창용의 블라디보스토크 개척리 방문기 62
개척리 사람들의 삶의 모습 66
조선 무역왕 최봉준 67

독수리 전망대 · · · · · · · · · · · · · · 73
독수리전망대 74·재러문학의 아버지 조명희 문학비 77

관광명소 · 후니쿨로르 79·금각만대교 79·시베리아에 출병했던 군인들의 묘지 80

아는 만큼 보인다 · 한국학대학 설립자 장치혁 81

중앙혁명광장 · · · · · · · · · · · · · · 83
중앙혁명광장 84·일본총영사관 86
1930년대 초에 건립된 유일한 조선인대학 87·블라디보스토크역 88

관광명소 · 블라디보스토크역 앞, 레닌 동상 91·시베리아 횡단열차 92
아르세니예프 향토박물관 94·율브리너 생가지 94·굼백화점 95
블라디보스토크 개선문 96·세르게이 라조동상 96·운테르베르게르 총독관저 97
잠수함 박물관 97

2부 발해와 최재형의 땅 우수리스크

러시아지역 최초로 만세운동이 전개된 우수리스크 · · · · · · 106

우수리스크 고려사범전문대학 108·이상설 유허비 109

발해 성터와 발해 절터 112·발해의 첫 발굴자 산운 장도빈 기념비 116

최재형 기념관, 기념비 119·전로한족중앙총회 2차회의 개최지 123

우수리스크역 124·4월참변 추도비 125·쁘질로프카(육성촌) 127

고려인문화센터, 홍범도·안중근·류인석 기념비 130

아는 만큼 보인다 잊혀진 혁명가 대한국민의회 의장 문창범 131

3부 안중근의 숨결 감도는 무장투쟁의 현장 크라스키노

안중근의 숨결을 따라 크라스키노로 향하다 · · · · · · · · 138

라즈돌리노예 138·바라바시 140·지신허 142·연추 하리 144

동의회 근거지 얀치혜 마을(상연추) 146·안중근 단지동맹 기념비 147

포시에트 151·크라스키노(연추) 153·핫산 155

아는 만큼 보인다 이용익 159

4부 아무르 강변의 혁명가들 하바롭스크

아무르강의 조선여자 김알렉산드라의 유적을 찾아서 · · · · · 168

21세기에 사회주의를 바라보는 시각 168·김알렉산드라는 누구인가? 169

김알렉산드라 등이 고문받던 집 175·시베리아 내전시기에 희생된 빨치산 희생자

추모기념탑 176·한인사회당 보문서 178·한인사회당 창당지 178

김유천 거리 181·중앙시립공동묘지 182·향토박물관 183·우조스(전망대) 185

하바롭스크 문서보관소 186·레닌광장 186

관광명소 아무르강과 안중근 187·아무르 강변 공원 188·아무르강 다리 189

콤소몰광장과 성모승천대성당 189·영광광장 전몰자위령비와 구세주변모대성당 190

볼로차예프카전투의 현장 190·나나이족 마을 192

1부

**가장 가까운 유럽,
블라디보스토크**

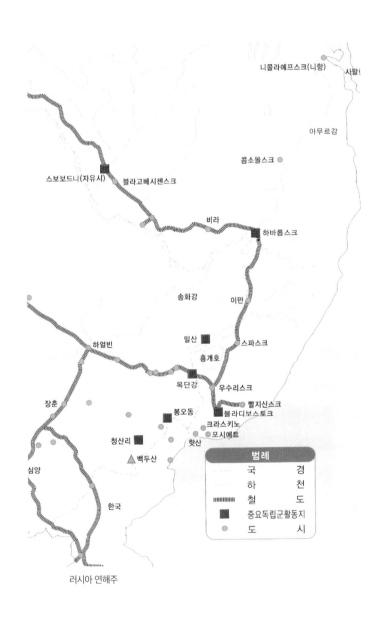

니콜라예프스크(니항)　사할i

아무르강

콤소몰스크 ●

스보보드니(자유시) ■ 블라고베시첸스크

비라

하바롭스크 ■

송화강　이만

밀산 ■ 스파스크

하얼빈　흥개호

목단강　우수리스크

장춘　봉오동 ■ 빨지산스크
블라디보스토크 ■
크라스키노

청산리 ■　포시에트

심양　핫산

△ 백두산

한국

범례	
국	경
하	천
철	도
■ 중요독립군활동지	
● 도	시

러시아 연해주

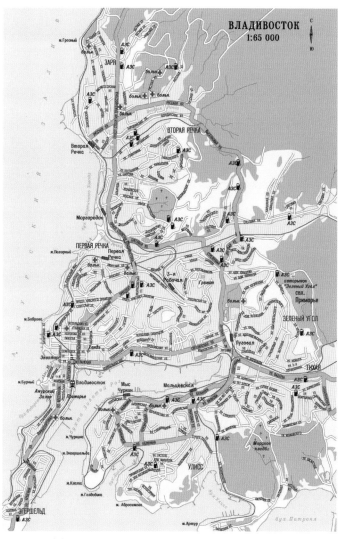

블라디보스토크

블라디보스토크는

블라디보스토크는 러시아 극동함대 사령부가 있는 해군기지이며, 북극해와 태평양을 잇는 북빙양 항로의 종점이다. 또한 모스크바에서 출발하는 시베리아 철도의 종점이기도 하다.

항만은 표트르 대제만(大帝灣)에서 남쪽으로 돌출한 무라비요프 아무르스키 반도 끝에 있다. 시가는 해안에서부터 구릉 위로 펼쳐져 있는데 철도 종점인 블라디보스토크역의 북쪽이 시 중심 지역이다. 신시가지와 별장·휴양 지대는 반도 북부의 구릉지대로 뻗어 있다.

1856년 러시아인이 발견한 후 항구와 도시의 건설이 시작되었고, 1872년 군항이 니콜라옙스크에서 이곳으로 옮겨왔다. 1896년부터는 무역항으로, 1939년부터는 어업항구로서으로 크게 발전하였다. 1916년 시베리아 철도(1891-1916)가 완전히 개통되어 시베리아를 횡단해 모스크바와 이어지게 되었다.

블라디보스토크는 1918년 봄부터 1922년까지 러시아혁명을 진압하기 위하여 시베리아에 출병했던 일본, 미국, 프랑스 등 외국의 군대에 점령된 적이 있으며, 제2차 세계대전 때에는 연합군의 원조물자 기지 역할을 하였다. 블라디보스토크는 군항일 뿐만 아니라 무역항의 기능도 가지고 있었으나, 현재 무역항 기능은 시의 동쪽 약 90 km 지점에 신설된 나홋트카항으로 옮겨졌다.

블라디보스토크는 1905-1907년에 제1차 러시아 혁명기에 군대 반란이 여러 차례 일어났으며, 1917년 10월 혁명 때에는 재빨리 소비에트 정권을 수립하는 등 시베리아, 극동정세에도 큰 영향을 미쳤다. 또 19세기 말에 동방연구소가 개설되어 문화적 중심지가 되기도 하였다.

시는 연해지방의 경제, 문화의 중심지이며, 극동과학센터·국립극동대학을 비롯하여 의학·미술·과학기술·무역·수산 등의 여러 대학이 있다. 하지만 2011년 하나의 국립극동연방대학교로 통합되었으며 블라디보스토크 루스키섬에 대규모 캠퍼스를 신축하였다.

국립극동대학 내에는 해외 최초의 한국학 단과대학인 한국학대학이 있었다. 독립운동가 산운 장도빈의 아들 장치혁(전 고합그룹 회장)이 학교 건물을 기증하여 1995년에 설립된 한국학대학은 5년제 과정으로 한국어학과 ·한국역사학과 ·한국경제학과의 3개 학과로 이루어져 있었다. 그동안 한국학전문가를 다수 배출한 한국학대학은 2012년 APEC이후 루스키섬으로 옮겨가면서 새로운 변화를 도모하고 있다.

러시아인과 우크라이나인들은 블라디보스토크의 주요 민족이다. 1958년에서 1991년까지, 러시아 국적을 가신 사람들만이 블라디보스토크에 거주하고 방문하는 것이 허락되었다.

블라디보스토크 한 해 평균 기온은 4.3℃ 인데 1월 평균 기온이 -13.7℃, 8월 평균 기온이 20.2℃ 이다. 봄 동안에는 기온의 변화가 매우 심해 하루 10~15℃로 왔다갔다 변한다. 여름에도 봄과 마찬가지로 온도 변화가 심한데, 가장 긴 여름은 1967년에 174일, 가장 짧은 여름은 1969년에 116일이었다. 가을에는 건조하고 온난한 기후를 보인다. 겨울에는 영하 15도 아래로 내려가며 매우 춥다. 센 바람 때문에 실제 온도보다 체감 온도가 더 낮다. 한 해 평균 강우량은 722 밀리미터이다.

블라디보스토크는 연해지방 최대 어업기지이며, 포경선·게 가공선·냉동선의 근거지이다. 겨울철에는 항구 안이 다소 결빙하지만, 쇄빙선을 사용함으로써 1년 내내 활동이 중단되지 않는다.

블라디보스토크는 동청철도(중동철도)가 블라디보스토크와 중국 헤이룽장 성 하얼빈을 하나로 묶는다. 국제공항은 도시 한복판에서 북쪽으로 50킬로미터 쯤에 있는 아르툠에 위치한다. 공항까지 가는 지하철이 가끔 있다. 겨울에 항구는 쇄빙선의 원조로 사용이 가능하다.

블라디보스토크는 최근까지도 한국인들이 방문하는데는 여러모로 불편한 점이 있었다. 공항에 도착하여 때로는 버스를 타고 공항청사에 들어서야 했고, 입국수속을 밟기 위해서는 국경수비대와 이민국을 모두 통과하여야 했기 때문에 시간이 다소 많이 소요되었다. 2012년 APEC을 계기로 공항 청사도 새로이 단장되고 입국수속도 간편하며, 입국서류도 생략되어 여러모로 편리해졌다. 더구나 공항에서 시내로 들어가는 해변가 우회도로(낮은 바다 다리)가 준공되어 바다를 가로 지르며 시내로 향하는 길은 더욱 상쾌하다.

필자가 블라디보스토크를 처음 방문한 것은 1993년 1월이었다. 1992년 1월 하바롭스크를 방문한 길에 블라디보스토크를 가고 싶었으나, 군사도시로 민간인의 출입을 통제해 갈 수 없어 안타까워했던 기억이 지금도 생생하다.

[첫 만남] 아르세니예프 기념 블라디보스토크 국제공항

이 공항은 블라디보스토크 중심지에서 북쪽으로 44km 떨어진 연해주의 아르툠(Artyom)에 있다. 이전에는 키예비치(Kiyevichi) 공항으로 알려졌으나 나중에 키예비치 후토르(Khutor Kiyevichi)로 개칭하였다. 그리고 최근에는 탐험가이자 소설가인 아르세니예프를 기념하여 공항이름을 변경하였다.

2005~2006년에 국내선 터미널을 새롭게 개축하여 2006년 12월 재개장하였는데, 이후 모스크바공항을 제외하고 러시아에서 가장 현대적이고 편리한 공항터미널로 손꼽힌다. 활주로는 3곳이며 각각 길이 973m, 3,500m, 602m 규모이다. 2008년 한 해 동안 100만 명이 넘는 승객이 공항을 이용하였으며 운항 횟수는 5,168회이다.

2012년 블라디보스토크에서 개최하는 APEC(Asia-Pacific Economic Cooperation)정상회담에 맞춰 공항을 재건하였다.

블라디보스토크 공항 짐찾는 곳

블라디보스토크 공항내부

블라디보스토크 공항외부

블라디보스토크로 가는 전철

블라디보스토크 전철역

러시아 지역 3·1운동 1주년 기념식

3·1운동이 일어난 1년 후인 1920년 3월 1일, 블라디보스토크에서는 독립선언기념축하식이 거행되었다. 3·1운동 1주년 기념식을 준비한 주체는 대한국민의회와 신한촌 민회였다. 블라디보스토크의 한인들은 2월 말부터 대한민국임시정부 국무총리 이동휘의 부친인 이발을 회장으로 한 '대한독립선언기념회'를 조직하고 성대한 기념식을 준비하였다. 이 기념식에는 블라디보스토크 주재 각국 영사,러시아 관헌 그리고 각 신문사의 대표들이 초청되었다. 그리하여 3월 1일 신한촌에서 20여 개 단체가 참가한 기념식이 개최되었다.

기념식에는 러시아사회민주당 대표로 로렌이 참석하여 축사를 하였으며, 볼세비키의 대표로 유크발노쏘바가 축사를 하였다. 그 외에도 임시정부 육해군총사령관의 부관, 블라디보스토크시 위수사령관 등 혁명정부 대표자와 크라스노예 즈나먀(붉은 기) 지 등 유수의 러시아 신문사 대표자, 라트비아 대표인 동양학원 슈미트 교수를 비롯한 각국의 영사들 그리고 중화상보(中華商報) 주필 및 기자, 중국상무총회(中國商務總會) 회장 등 블라디보스토크시 각 사회단체 대표자들이 참가하였다. 당시 연해주에 출병하였던 일본군은 비상태세를 갖추고 무장출동을 계획하였지만, 러시아혁명군의 견제로 기념식을 그냥 두고 볼 수밖에 없었다.

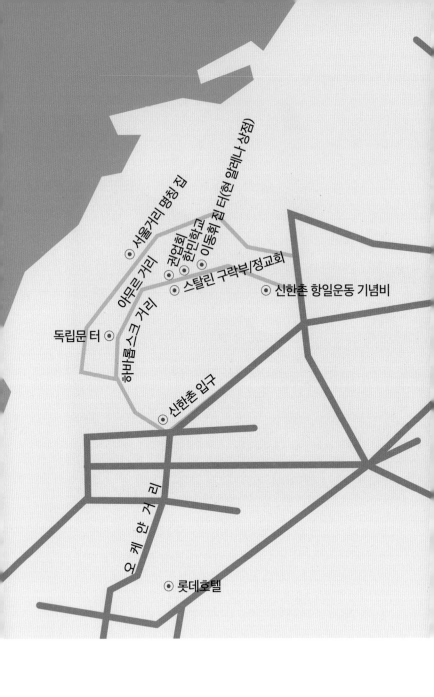

서울거리 펠졍 집
아무르 거리
권업회
한민학교
이동휘 집 터(헌 알렉나 상점)
스탈린 구락부/정교회
⊙ 신한촌 항일운동 기념비
독립문 터 ⊙
하바롭스크 거리
⊙ 신한촌 입구
오 케 안 거 리
⊙ 롯데호텔

항일운동의 요람 신한촌

바야레치카 역

르바야레치카 시장

 신한촌 답사

신한촌 입구 ···▸ 이동휘 집터(현재 엘레나상점) ···▸ 권

업회 ···▸ 독립문터(현재 나무) ···▸ 아무르거리 서울거

리 명칭 집 ···▸ 연해주 신한촌 기념탑(하바롭스크거리)

···▸ 한민학교 ···▸ 뻬르바야레치카 역 ···▸ 뻬르바야레

치카 재래시장 ···▸ 포크롭스키 러시아정교 사원

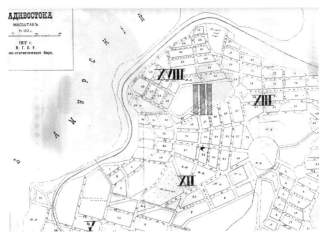

1917년 블라디보스토크 신한촌 구역도

새로운 한인마을 신한촌

우리 일행은 먼저 블라디보스토크 한인독립운동의 기지로 널리 알려진 신한촌으로 들어섰다. 러시아 지역의 한인 독립운동을 대표하는 권업회, 권업신문, 대한광복군정부, 한인신보사, 일세당, 대한국민의회. 노인동맹단 등이 이곳에 있었으며, 이동휘 등 수많은 한인 애국지사들이 신한촌에 거주하며 활동하였다. 또한 블라디보스토크 지역의 3·1운동시발점이었으며, 수많은 독립운동 계획들이 수립되기도 한 곳이다.

신한촌에는 과거 우리 조선인들만 거주하고 있었으며, 그곳은 높은 산이었다고 한다. 높은 산 위에 모여 사는 모습을 본 춘원 이광수는 그 모습을 다음과 같이 묘사하였다.

> "해삼위 시가를 다 지나고 공동묘지도 지나서 바윗등에 굴 붙듯이 등성이에 다닥다닥 붙은 집들이 나타났다. 이것이 신한촌이다". 신한촌은 과거 동서로 약 6정, 남북으로 약 7정의 면적으로 아무르만에 연한 산

의 경사면에 위치하여 그곳에서 아무르만을 내려다보면 1백 여 척이나 되는 낭떠러지 밑에 푸른 물이 넘실거리는 절경지였다. 그리고 겨울이면 결빙하여 서남행인마(西南行人馬)는 해빙판 위를 걸어서 훈춘, 왕청, 화룡 등 북간도를 오갈 수 있는 곳이다. 신한촌은 신개척리와 석막리로 구성되어 있었다. 러시아 풍의 나무로 건축한 작은 집이 보통이었다. 집마다 2, 3개의 한국식 온돌방이 있고, 한 집에 여러 사람이 모여 살아 많으면 20여명이 동거하기도 하였다.

신한촌 전경

우리 일행은 하바롭스크 거리를 따라 신한촌이 있었던 산등성이를 향하여 올라갔지만 당시의 모습을 전혀 찾아 볼 수 없었다. 그곳에는 아파트와 신식 건물들이 들어서 있었다. 그래서 산이 많이 주저앉아 높이도 낮아졌다고 한다. 몇 십 년 지나지 않았는데도 흔적을 찾을 수 없었다. 우리는 옛 신한촌의 조그마한 흔적이라도 찾고자 애썼지만 모두 허사로 돌아가자 실망이 여간 크지 않았다. 과거에 이곳이었구나 하는 짐작에 만족하며 발길을 돌릴 수밖에 없었다.

1918년 블라디보스토크 신한촌 모습

1918년 신한촌 원경

1920년 블라디보스토크 신한촌 모습

신한촌의 중심지 하바롭스크거리

블라디보스토크 신한촌 현재 모습

대한민국임시정부 초대 국무총리 이동휘 집터

❖ 헌 주소: 신한촌 하바롭스크 거리 7번지.

우리는 하바롭스크 거리 22(3)번지(현재는 7번지)에 있었다는 이동휘 선생의 집에 가보았다. 1935년 사망 때 까지 말년을 보낸 집이다. 이동휘(1872~1935)는 함경남도 단천 출신으로 아호는 성재(誠齋)이다. 1907년 한국군이 강제 해산될 때 참령으로 강화진위대를 이끌고 대일항쟁을 전개하였다. 1909년에는 신민회를 조직하여 활동하였으며, 1911년에는 윤치호 등과 함께 105인사건에 연류되어 투옥되었다가 석방되었다. 이동휘는 신한촌에서 1914년 대한광복군정부를 1915년경 러시아로 망명, 1918년 하바롭스크에서 한인사회당을 조직하는 등 러시아지역 항일운동을 이끈 대표적인 지도자이다. 3·1운동 후 대한민국임시정부의 국무총리에 취임하였으며, 1921년 고려공산당을 창당하였다. 그는 일제하 조국의 해방을 위하여 사회주의노선을 택한 민족주의자로서 평가받고 있다.

이동휘 집터

이동휘가 살던 집은 현재 알레나 상점으로 변해 있어 선생의 흔적을 찾아볼 수 없었다. 그 건너편에는 스탈린구락부가 있었다고 한다. 이곳은 블라디보스토크 한인들의 집회소였다. 스탈린구락부에는 고려도서관이 위치하고 있었고, 1925년 당시 이동휘가 여기서 일했다. 3·1운동 기념일, 5월 1일 노동절 등에 한인 지도자들이 만나 독립운동을 논의하던 이곳 역시 흔적조차 없었다. 스탈린구락부 옆에는 나무로 된 3층 건물의 장로교회가 있었는데 나중에 4년제 소학교로 이용되었다고 한다. 당시 러시아 교육제도를 보면 4년제 소학교, 7년제 초 중학교, 10년제 중학교가 있었는데 중학교를 졸업하면 대학갈 자격이 생겼다.

권업회, 권업신문사

- ❀ 현 주소: 블라디보스토크 하바롭스카야 중심부 입구(현재 7-9, 10-12번지)
- ❀ 옛 주소:
  1 1912.5.26(4호)-1912.11.17(30호) 해삼위 신한촌 하바롭스크 울리짜 10호(전화 297)
  2. 1912.11.24(31호)-1913.4.13(52호) 울리짜 20호
  3. 1913.4.20(53호)-1913.11.2(82호) 울리짜 12호
  4. 1913.11.9(83호)-1914.8.29(126호) 11호
- ❀ 현지상태
  신한촌 입구의 경우 현재 아파트 등 새로운 집들이 들어서 위치를 정확히 파악하기 어렵다.

권업회는 1911년 5월 20일 창립총회에서 회장에 최재형, 부회장에 홍범도가 선임되었다. 권업회의 목적은 '권업회'라는 회명의

뜻에서도 알 수 있듯이, 그 회칙에 "본 회의 목적은 실업(失業)의 동포에게 실업(實業)을 수여하여 직업에 충실토록 하고 생활상 저축을 장려하고 동포가 상애(相愛) 상신(相信)하는 마음을 견고케 하여 문명의 행동을 도모함에 있다"라고 하였다. 그러나 권업회는 처음부터 가장 효과적이고 강력한 항일독립운동기관으로 결성되었다. 다만 명칭을 권업회라 한 것은 러시아 당국의 공인을 받기 위해서였다. 권업회는 창립 후 사업의 진척에 따라 회원 수도 크게 증가하여 1913년 10월에는 2,600명에 달하고, 그 중 600명이 중앙조직의 회원이었고 그 후 1914년에는 8,579명에 달하였다고 한다.

권업신문 1914. 8. 23일자

이종호

신채호

장도빈

이동휘

한편 권업회는 『권업신문』을 간행하고 각종 정기 또는 부정기의 강연회, 연예회 등 집회를 개최하였다. 『권업신문』은 권업회의 지회와 분사무소가 있는 시베리아 각처의 한인촌락에 보급되었다. 뿐만 아니라 국내는 물론 서북간도를 비롯한 남북만주와 미주 등지의 한인사회에까지도 보급에 힘써 때로는 권업신문사 사원을 직접 그 지역에 파견하는 등 민족의식 고취에 큰 역할을 하였다.

3·1운동의 상징 독립문(독립문터)

✖ 현 주소: 블라디보스토크 하바롭스카야 5번지
✖ 옛 주소: 옛 신한촌 마을 입구(고개 오른 후)
✖ 현지상태: 독립문이 있던 곳에 나무만이 서 있다.

1920년 3·1운동기념 1주년을 맞이하여 한인들이 신한촌에 세운 문으로 조선일보 1923년 8월 16일자에 <해항 신한촌에 큰 붉은 문>이라는 제목 하에 다음과 같이 그 모습을 설명하고 있다. "노령 해삼위 신한촌에 있는 조선동포들은 근자 신한촌 동구에 큰 붉은 문을 나무로 만들어 세우고 그 문 위에 '삼월 일일 조선독립기념'이라 하고 세기고, 그 아래에도 삼십여자의 문구를 조각하였다더라(모처정보)"라고 실려 있다.

4년제 소학교가 있던 곳에서 50미터 정도 언덕 아래로 내려가니 나무들이 듬성듬성 있는 숲이 나타났다. 이곳이 길 양편에 기둥을 세우고, 위에는 솔가지로 장식된 독립문이 있던 곳이라고 한다. 1932년에 이곳을 방문한 일본인이 남겨놓은 다음과 같은 보고문은 당시의 모습을 그리는데 도움이 된다.

블라디보스토크의 북쪽 해안을 내려다보는 언덕 위에 자리 잡은 신한촌을 방문하였다. 그곳의 집들은 온돌을 놓고 있어 한국의 연장이나

다를 것이 없었다. 이 마을에 들리려면 울퉁불퉁한 돌들이 깔린 고개 길을 올라가야 했다. 그 고개를 오르면 독립기념일인 3월 1일 문이고 색(古色)을 지닌 채 마을 입구에 서 있다. 이 문을 지나서 메인 스트리트를 바로 걸어가면 우측에 소학교가 있다. 맞은 편 양관(洋館)은 지금 구매조합의 사무실로 쓰이고 있으나 재작년까지 한국인소학교였다. 이곳이 1919년의 간섭(시베리아출병) 당시에 독립운동을 모의한 곳이라 하여 일본군인들이 불살라 버린 것을 재건축한 것이라고 한다(永丘智太郎, 「극동의 계획과 민족」, 1938, 249면)

현재 독립문터(원안 나무자리)

1920년 독립문

한인들이 살았던 흔적 서울거리

❇ 현 주소: 콤소몰스카야 13번지

독립문터에서 아무르만 쪽으로 조금 내려가니 '서울거리 2A'라는 주소판이 붙어 있는 집이 보였다. 바로 아래는 기차

서울거리에 있는 집(2019)

길이었고 옆은 아무르만이었다. 서울거리는 과거 신한촌에서 아무르만으로 내려가는 두 개의 길 가운데 하나였다. 당시에 서울거리가 존재했던 것은 김치보와 채성하의 권업회 자금 모집과 관련해 언급한 러시아 측 자료에 잘 나타나 있다. 그 자료에는 "하바롭스크 울리짜 7번지에 살고 있는 김치보와 서울스카야 9번지에 살고 있는 채성하"라는 기록이 보이고 있다.

서울거리 집

신한촌에는 신한촌을 가로 지르는 5개의 거리가 있었다고 한다. 아무르강 쪽을 기준으로 하여 체레바노스카야, 멜리코스카야, 하바롭스카야, 아무르스카야, 스보로스카야 등이 그것이다. 하바롭스카야와 서울 거리의 교차점이 신한촌의 중심지역인데 이동휘의 집과 스탈린구락부 등이 있는 곳이 여기에 해당되었다.

1912년에는 신한촌 가운데에 넓은 터를 닦아 민족학교인 한민학교를 세웠다고 하는데 위치가 현재 알레나 상점 옆이라고 추정된다. 이 학교는 교사의 정문 현관과 교실에 태극 문양을 새겨 넣었으며, 학생 수는 2백 40명 정도였다고 한다. 주러한국공사였던 이범진, 대한제국 내장원경을 역임한 이용익의 손자 이종호의 기부금이 학교를 설립하는데 큰 재원이 되었다. 교육은 정재관, 김규섭, 김현토 등이 담당하였다.

하바롭스크 거리를 따라 계속 산언덕을 내려오던 우리는 오케얀스카야 거리와 만나는 지점에 이르렀다. 산에서 내려와 평지와 만나는 지점의 사거리였다. 이곳이 신한촌 입구였다. 여기에 몇 채의 조선인 집이 있었으며, 이곳을 기점으로 하여 한국인 집들이 점차 신한촌으로 들어섰다고 한다. 지금은 바냐라는 이름의 목욕탕이 자리하고 있었다.

연해주 신한촌 기념탑

✿ 현 주소: 블라디보스토크 하바롭스카야 26A

　　러시아지역에서 전개된 항일독립운동을 선양하기 위해 대표적
근거지인 신한촌 하바롭스크거리에 기념탑을 건립하였다. 사단
법인 해외한민족연구소에서 건립했으며, 설립일은 1999년 8월 15
일이다.

한민학교

- 현 주소: 블라디보스토크그 히비롭스카야 7번지일대로 추정됨
- 옛 주소: 일본인의 기록을 통하여 그 위치가 신한촌 입구 쪽에 있었던 것으로 추정된다.
- 현지상태
  학교의 흔적은 찾아볼 수 없으며 현재 아파트가 들어서 있다.

1912년 3월 러시아 블라디보스토크 신한촌에 세운 4년제 고등소학·중등과정의 민족교육기관. 1911년 창립된 권업회는 민족주의 교육을 고취시키기 위해 먼저 블라디보스토크 신한촌에 있던 한인학교인 계동학교를 확대·개편하여 한민학교를 설립하고 연해주 한인사회에서 민족주의 교육의 중추기관으로 삼았다. 이 학교는 블라디보스토크 시내에 위치한 오랜 한인 거주구역인 개척리에 있었으나 개척리를 러시아 당국이 위생문제를 구실로 시 북쪽 변두리 지역인 아무르만이 내려다보이는 구릉지대에 위치한 신한촌으로 이주시켰다. 교사(校舍)는 양옥으로 크게 건립하였다.

한민학교 터

교사는 권업회 교육부에서 한민회와 공동으로 1912년 3월 신한촌에 크게 신축한 것으로 240명을 수용하는 규모였다. 현관 정문과 각 실내에는 태극 문양을 새겨 넣어 민족주의 교육이념을 상징하였다. 예산은 총 4,698루블로 이 중 2천 루블은 권업회 부회장인 이종호(李鍾浩)와 일제강점 직후 순국한 이범진(李範晉)이 유언으로 각기 1천 루블씩 기증한 것이었다. 이 학교는 1백 데샤진(약 100일경)이나 되는 개간경작토지까지 대부 받아 그 수익으로 학교경비를 충당하였다. 한민학교는 교장, 교감 이하 교사 26명으로 인건비 지출만도 연간 8,580루블에 달하였다. 학생은 모두 기숙사에 수용하였는데, 비용은 연간 1,680루블이었다.

뻬르바야레치카 역

　1937년 신한촌에 살고 있는 고려인들이 강제이주 당한 역사. 신한촌 끝 지역에 있는 기차역으로 오스뜨레꼬바 거리의 마지막에 위치하고 있다. 1918년 이후 이곳에 일본군 병영이 있었으며, 이 병영에 있던 일본군들이 1920년 4월 신한촌 일대의 한인들을 급습하여 몰살시켰다.

열차노선도 ◗

⑴▶ 뻬르바야레치카 재래시장

뻬르바야레치카는 현대식 건물이며, 1층 식품코너에는 우즈베키스탄 등에서 온 고려인 아주머니들이 김치, 김밥 등 먹거리를 팔고 있는 것을 볼 수 있다.

◉▶ 포크롭스키 러시아정교 사원

오케안스카야 극동연방대학 박물관(일본문화센터) 맞은편에 위치하고
있으며, 블라디보스토크에서 제일 큰 성당이었다. 현재에는 중앙혁명
광장에 새로운 성당이 들어섰다. 성당에서 아래로 1km 내려가면 신한
촌이 나온다. 현재 성당인근은 포크롭스키 공원이며, 과거에는 공동묘
지였다.

러시아정교 사원 옛모습 ◉

아는 만큼 보인다 이동휘의 순국과 장례

류진규의 〈이동휘를 추억하면서〉

1935년 정월은 자주 눈이 오고 바람이 부는 스산한 동삼이었다. 그런데 62세인 늙으신 이동휘 동지는 해삼(블라디보스토크)과 수청 해변 어장에서 사업하는 Monp(모쁘르) 돌격대 사업을 시찰하겠다고 연중 결산 총회들을 알아본다고 집을 떠났다. 그가 가는 곳에는 지방 단체에서 주민들을 모집하여 회의를 하는 것이 아니라 그가 왔다는 것을 알게 되는 남녀노소들은 성재(이동휘) 선생이 왔으니 찾아가 보고 재미있는 역사에 대한 담화를 듣자고 하여 찾아들 왔고 자원하여 서울 감옥에 갇힌 혁명자들을 도우라고 의연금을 가져다가 맡기는 것이 그가 사업하는데 남다른 비밀이었다. 그는 여러 어장에서 의연금을 모집하여 가지고 알좀탄광 노동자들을 찾아 떠났다.

수청 진불에서 떠나서 알좀탄광으로 오다가 무인지경에서 눈보라를 만나서 고생하다가 요행 알좀에 사는 고향 친구 이시협 · 조선의씨네 찾아 왔으나 그는 혹한을 당하여 고통하게 되었다. 한약 치료를 시작하였으나 효력을 보지 못하고 병은 위급하였다.

알좀탄광 당국에서는 그를 자동차에 앉히어 해삼(블라디보스토크) 신한촌 그의 집으로 모셔왔다. 신한촌 치료소에서 와 조선의사들이 모여들었으나 소생하기 어려웠고 미처 시 병원으로는 입원시킬 여지도 없었다. 그는 1935년 1월 31일 오후 7시에 62세를 일기로 세상을 떠났다. 필자는 김미하일[손일선(손문) 명칭 쏩호즈 위원장] 동지 전화를 받고 있던 군관학교에서 의사를 청하여 가지고 왔으나 이미 운명한 그를 대하게 되었다.

『선봉』에는 부고들이 기록되었다.

1935년 1월 31일 오후 7시에 모플 변강 위원회 지도원 이동휘 동무가 불행히 병으로 세상을 떠났음을 통고함.

모플 연해주위원회에서.

조선민족해방운동과 계급투쟁지에서 30어 년간 줄기차게 또는 맹렬하게 투쟁하던 붉은 빨치산 이동휘 동무가 1935년 1월 31일 19시에 병으로 세상을 떠났음을 모든 빨치산들에게 부고함. 해삼(블라디보스토크) 빨치산 꼬미시야에서.

1935년 정월 31일 오후 7시에 고려민족해방(한국민족해방)의 선구자이며 붉은 빨치산이며 또는 세계혁명자들 후원을 위하여 투쟁하던 이동휘 동무가 불행히 병으로 세상을 떠났음을 통고함. 그의 장례는 대칭거우재 ст. Вторая речка(프또라야 레치카 역) 공동묘지. 소집 장소는 신한촌 구락부 2월 4일 오후 4시임을 통고함.

장례 꼬미시야.

1935년 2월 4일은 흐리터분하고 눈이 부실부실 떨어지고 찬바람이 불고 이따금 해가 뻔히 비치는 날이었다. 정각이 되자 원동 변강 모플 위원회 대표·빨치산 꼼미시야 대표·시 각 기관대표들이 붉은기에 검은 댕기를 달아 드리우고 팔에 검은 완장을 두르고 이동휘 시체가 있는 사택에 모두 왔다. 고인의 영궤를 집안에서 거리로 내다가 놓고 그를 열별하는 군악소리가 끊겼다. 오창환이 그의 이력을 간단히 말하였다.

여러 기관대표들이 그의 영궤를 모두 들여온 순간이었다. 쓰바스크에서 왔다는 나이 50세가 되어 보이는 조선 부인이 영궤 옆에 와서 시체를 두 손으로 어루만지면서 "아이고 성재 아버지께서 강화에 계실 때 서울로 전하라는 편지를 수입성에 감추고 다니었고 해외와서도 그런 연락을 시키는 대로 하면서 조선이 독립되기만 고대하였더니 지금 아버지께서는 사망하시었으니 우리들은 누구를 믿고 살며 조선을 해방하겠오" 하며 우니, 모였던 남녀들이 모두 머리를 숙이고 뜨거운 눈물, 긴 한숨을 쉬던 순간이 아마 당시 장례에 참가하였던 남녀들 기억에 영원히 남아 있을 것이다. 그 여자 성명을 기억하지 못하는 것이 유감이다.

이동휘 동지 분묘는 ст. Вторая речка(프또라야 레치카 역) 대칭거우
재 정거장이 들여다보이는 펌퍼짐한 산 밑에 당도하면 산맥이 내려오
다가 평지로 된 지점에 성분되었는데 그 분묘에 정거장 약간 왼쪽으로
내다보면서 오른편쪽 5보~10보 되는 지점에는 대리석과 철비로 만든
2무덤이 있는데 거기에는 순한문으로 새긴 비문과 장재가 있었다. 당
시 장례에 모였던 사람들은 "이후 이동휘 분묘를 찾으려면 저 중국 사
람들 철비를 찾으면 된다"고 하였다.

이동휘 부부

이동휘 가족

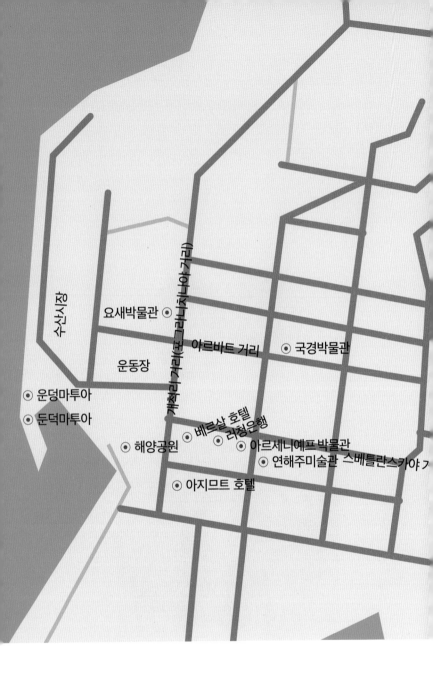

수산시장

요새박물관 ◉

개척리거리(포그라니치나야 거리)

아르바트 거리   ◉ 국경박물관

운동장

◉ 운덩마투아

◉ 둔덕마투아

베르살 호텔
◉   ◉ 리정은행
◉ 해양공원   ◉ 아르세니예프 박물관
◉ 연해주미술관 스베틀란스카야 7

◉ 아지므트 호텔

구한말 국권회복운동의
근거지 개척리

○ 개척리 답사

개척리 입구 ⋯⋯ 개척리터 ⋯⋯ 해조신문사 ⋯⋯ 대동
공보사 ⋯⋯ 러·청은행 – 블라디보스토크 요새박물
관 ⋯⋯ 해양공원 ⋯⋯ 아르바트 거리 ⋯⋯ 국경박물관
⋯⋯ 연해주미술관

한인들의 첫 정착지 개척리

우리 일행은 한인들이 블라디보스토크에 처음으로 이주한 개척리 마을을 찾아 나섰다. 개척리 마을은 1873년 군항의 개척과 더불어 이루어진 곳으로 블라디보스토크 시내 중심가에 자리 잡고 있었다. 블라디보스토크 해안에서 내륙으로 300미터 정도 들어와 위치한 이 거리는 현재 포그라니치나야 거리로 불리고 있고 상점들이 즐비하게 서 있었다. 이곳에서 해안 쪽으로는 운동장과 스포츠센터가 자리 잡았다. 바로 이 거리가 과거에 개척리 그리고 까리에스키 즉, 고려인 거리가 형성되었던 곳이다. 이 거리의 344호에 해조신문사가 위치하고 있었으며, 대동공보사는 600호에 위치하고 있다가 후에 469호, 67호로 각각 이전하였다. 또한 한인학교(계동학교)가 들어서 있었고, 성명회가 조직되기도 하였다. 그 거리를 바라보고 있으니 이 곳에서 독립운동을 벌였을 안중근, 최재형, 최봉준, 이상설, 류인석, 차석보, 김학만 등 많은 애국지사들의 모습이 눈에 선하였다.

개척리

1910년대 개척리 거리

　장지연의 『해항일기』는 당시 개척리에서의 상황의 일단을 보여
주고 있다. 장지연은 해조신문의 주필로 초대되어 1908년 1월 28
일 블라디보스토크에 도착하였다. 당시 일기들을 보기로 하자

1월 28일(27일) 흐림
하오 4시에 배에서 내려 블라디보스토크 거류지에 이르는데 계동학교
를 지나가다 일감 김만국을 만나 조금 쉬어 이내 해조신문사에 가다.
최봉준, 왕창동, 이광국, 유목과 면담하다
이날 밤은 정신없이 쓰러져 자다

1월 29일(28일) 흐림
고단하여 종일 정신이 맑지 못하다
김학만을 찾아가다

3월 2일
바람이 불고 눈이 내리다
이날부터 비로소 신문에 붓을 잡으니 6호가 된다. 내가 신문을 만들며
마땅히 논설을 쓰고 신문의 취지를 으뜸으로 진술할 것이나 한글 전용
이므로 말이 매우 졸삽하고 부끄럽다. 편집은 왕창동에게 전담시키다.

3월 10일 맑다

건원절이므로 휴간하고 경축회를 베풀다. 그리고 계동학교로 가서 경축하고 저녁에 학도 100여명이 등을 가지고 만세를 불러 성황을 이루다

3월 11일 맑음

오후에 차석보가 초대하여 정신없이 유쾌하게 놀고 돌아오니, 이곳에는 모두 러시아 사람의 술이라 몹시 독하므로 과음하면 창자가 썩는 광약(狂藥)이라 이로부터 술을 삼가다.

3월 15일 일요일 맑음

오후에 왕일초(창동)와 함동철 등과 함께 러시아인 미하일로프 집으로 윤일병(욱)을 찾아가 차 두어 잔을 마시고 이내 바닷가로 나가 옛 탑을 찾으니 대체 블라디보스토크를 발견한 러시아인을 기념하기 위하여 세운 동상으로서 지금으로부터 50년전이라고 한다.

돌아오는 길에 점포를 구경하였는데, 청나라 상인의 큰 상점이 많으나 일요일이므로 모두 문을 닫았다.

개성(開城)시장에 이르니 모두 물고기와 야체, 쌀과 콩 등 모두 음식물을 파는 곳으로 청나라 사람이 장사하는 곳이다. 큰 게 두 마리를 사다가 술안주를 하니 맛이 매우 기름지고 연하나 쌀지고 단맛은 우리나라 경상남도쪽의 것만 못하다. 이곳에는 청어가 많아서 기름지고 달콤하여 그밖에는 모두 연어로 맛이 명태같고 생산도 많다.

러시아 당국은 1911년 봄에 갑자기 장티푸스의 근절이라는 명분을 내세워 한인 마을을 강제로 철거시키고 러시아 기병단의 병영지로 삼았다. 개척리에서 한인들의 활동은 지속될 수 없었다. 한인들은 러시아 당국이 지정한 시의 서북 편 변두리인 개척리에서 북쪽으로 언덕을 넘어 5정 가량 되는 곳으로 옮기도록 하였는

데 그곳이 바로 신개척리인 신한촌이다. 구개척리에서 걸어서 30
분 정도 소요되는 거리이다.

개척리 옛 전경

개척리 현재

한편 포그라니치나야 거리에서 우측으로 조금 가면 오케얀 극
장이 나온다. 그곳에서 우측으로 올라가면 바로 바다가 보이는

데 바다에 면해 있는 이 지역 또한 한인들의 초기 거주지였다. 언덕위로 가서 바다에 면해있는 곳이 둔덕마투아였으며, 언덕 아래에서 바다와 면해 있는 곳이 운덩마투아였다. 마투아는 중국어로 '조그마한 항구'라는 의미라고 한다.

개척리마을, 세위에 마을, 둔덕마투아, 운덩마투아 등 한인들의 초기 이주지를 답사해 본 결과 필자는 대체로 다음과 같은 결론에 이를 수 있었다. 이 지역에 이주한 한인 노동자들은 대체로 초기에 블라디보스토크 항구를 중심으로 좌측 해안가에 거주하고 있었던 것 같다. 우측으로 들어가면 블라디보스토크의 민간인 항구와 군사항구 등이 있었기 때문인 듯싶었다. 거기에다 블라디보스토크 항구가 점차 발전하면서 항구 주변이 번화한 거리로 바뀌다 보니 자연 한국인들은 아무르만에 연해 있는 산의 경사면으로 이주한 것으로 보인다.

개척리 운동장 앞 바닷가는 현재 블라디보스토크 시민들의 대표적인 명소이다. 여름이면 많은 인파들로 북적이고 있다. 이곳을 찾는 한국인들도 곰새우에 맥주를 마시며 러시아의 정취를 만끽하고 있다.

개척리터

1874년 한인들이 최초로 거주하기 시작한 곳. 현재의 명칭은 포그라니치나야(Пограничная). 1905년 이후부터 1910년까지 국권회복운동의 거점으로 중요한 역할을 하였다. 이곳에서 민족학교인 계동학교, 항일언론기관인 해조신문사, 대동공보사와 일제의 조선 강점에 반대하여 성명회선언서를 발표한 성명회가 조직되기도 하였다. 안중근의사, 시일야방성대곡을 쓴 장지연, 제2의 장보고로 알려진 근대 해양인 최봉준이 활동한 곳으로도 유명하다.

해조신문사

- ✖ 현 주소: 블라디보스토크 포그라니치나야 일대
- ✖ 옛 주소: 블라디보스토크 한인거류지 344호.
- ✖ 현지상태: 현재 상황으로는 정확한 위치를 파악할 수 없다.

해조신문은 1908년 2월 26일에 연해주의 블라디보스토크에서 창간된 한글 교포신문으로 일간지로 간행되었다. 신문의 체재는 논설, 잡보, 외보, 전보, 기서, 소설, 만필, 본항정보, 광고, 별보 등으로 이루어져 있다.

해조신문의 발행인 겸 편집인은 최만학과 듀꼬프, 사장은 최봉준이었다. 주필 및 기자로는 장지연, 정순만, 이강, 김하구 등이 일하였으며, 박영진, 이종운, 한형권 등이 각각 분선과 번역을 담당하였다.

해조신문 창간호(1908)

해조신문은 내용에 있어서 국권의 회복과 재러동포의 계몽에 비중을 두었다. 동포들의 교육, 풍속의 교정, 민족적 단결의 강조, 국내외의 의병활동 소개, 일제의 만행 비판 등이 그것이다. 반면 재러한인의 삶과 직결된 당면문제 즉, 러시아의 한인 배척 등에 대해서는 크게 관심을 기울이지 못하였다.

해조신문은 통감부에 의한 국내에서의 계속적인 압수와 사장 최봉준에 대한 상업상의 압력, 러시아 당국의 한인독립운동세력에 대한 압박, 한국인들 사이의 갈등 등이 복합적으로 작용하여 1908년 5월 26일에 75호를 마지막으로 폐간되고 말았다.

대동공보사

- ✻ 현 주소: 블라디보스토크 포그라니치나야 일대
- ✻ 옛 주소:
  - 처음 간행 시 블라디보스토크 한인거류지 600호였음.
  - 1909년 5월 한인거류지 469호로 이전.
  - 1910년 4월 24일 한인거류지 67호로 이전.

안중근이 하얼빈 의거를 계획하던 장소이기도 한 대동공보사에서 발행된 대동공보는 구한말 일제의 조선침략이 더욱 노골화

되던 시기, 러시아 블라디보스토크에 거주하고 있던 동포들이 구국운동의 일환으로 1908년 11월 18일 창간하여 1910년 9월 1일까지 약 2년 동안 간행한 한글 민족지였다. 이 신문의 종지는 동포의 사상을 계몽하여 문명한 곳으로 나아가게 하며 국가의 독립을 쟁취한다는 것이었다.

대동공보

신문사 주요 임원은 차석보, 최재형, 유진률, 윤필봉, 이강 및 러시아인 미하일로프 등이었다. 신문의 주요 구성원 학력은 주필 등만이 구학문과 신학문을 공부한 인물이며, 출신지역은 함경도, 평안도, 충청도 등으로 나누어 볼 수 있다.

신문은 주 2회 간행되었으며, 발행 부수는 1,500부 정도였다. 러시아 지역은 물론 국내, 중국본토, 만주, 미국, 멕시코, 영국, 일본 등지에도 발송되었다. 신문의 체재는 논설, 전보, 외보, 제국통신, 잡보, 기서 등으로 이루어져 있으며, 이 가운데 제국통신은 국내의 소식을 전하는 곳으로 일제에 대한 비판 기사도 상당수 싣고 있다. 잡보에서는 재러 한인사회의 동정과 러시아 극동 총독의 동정에도 관심을 보이고 있다.

이처럼 재러 한인의 권익과 조선의 국권회복을 위하여 활발한 언론활동을 전개하던 대동공보는 일제의 요청에 따른 러시아 당국에 의해 1910년 9월 1일 폐간되고 말았다.

러·청은행

포시에트 거리 48번지. 아르세니예프 박물관에서 베르살호텔 방향에 위치. 고종황제가 러시아망명을 위해 내탕금을 맡겨 놓았다고 알려진 은행. 현재 한국인 장원구 사장이 운영하는 Soul Kitchen의 맞은 편

관광명소

⫸ 블라디보스토크 요새 박물관

블라디보스토크 요새 박물관은 러시아 블라디보스토크의 바타레이나야(Batareynaya) 거리에 있는 군사 박물관이다. 1996년 10월 30일 문을 연 이 박물관은 러시아 역사문화 보호협회의 주도로 100여 년 된 베지미안나야(Bezymyannaya) 요새를 복원해 설립된 것이다. 이곳은 가장 오래된 요새 중 하나로 포대가 1880~1882년 숲의 언덕에 세워졌고 9인치, 11인치 해안포가 설치된 바 있다. 1897~1900년에는 콘크리트로 개축되었으며, 러-일 전쟁 후 새로 세워졌다. 1910~1917년에 세워진 요새의 구조는 세계에서 유례가 없을 정도로 우수하여, 러시아 공

학의 기적으로 인식할 정도였다. 1930년대에는 용도를 잃고 차 수리공장으로 사용되기도 했으며, 2차 세계대전 때는 대공포 기지로 쓰였다. 러시아 함대 창설 300주년을 맞이하여 개관한 이 박물관은 관련 사진, 문서, 회고록 등을 소장하고 있다. 1922년까지 요새에서 근무했거나 러-일 전쟁에 참전한 사람들에 대한 자료를 볼 수가 있다. 박물관 바깥쪽에는 과거 해군의 무기류와 방공 관련 장비가 전시되어 있다. 이 박물관의 특별한 매력은 숲속, 도시의 공원, 산 정상, 해변 영역에도 걸쳐 있는 요새 구조물 자체이다.

요새박물관에는 1920년 당시 청산리전투시 독립군들이 러시아 연해주에서 구입하여 전투에 사용한 총기류들도 있어 우리 독립군의 무장을 가름해 볼 수 있어 신선미를 더해주었으나 현재는 전시가 교체되어 안타까움을 자아낸다.

관련 사이트http://www.vlad-fort.ru/english/index.php

⬦ 해양공원

블라디보스토크 시내에 주민들이 주로 찾은 해양공원이 있다. 이곳은 구한말 안중근, 장지연, 이위종 등 수많은 항일운동가늘이 소국의 광복을 꿈꾸며 치열한 고민을 했던 현장이기도 하다. 최근 공원이 크게 단장되어 많은 시민들이 찾는 곳이다. 1870년대 한인들이 최초로 이주한 지역인 개척리와 붙어 있다. 인근에 아지무트 호텔이 있다. 해양공원에서 노을 지는 바다를 바라보며 짭짤한 삶은 곰새우를 안주로 맥주 한잔을 하는 것은 블라디보스토크에서 맛볼 수 있는 가장 아름다운 것 중에하나가 될 것이다. 최근 개업한 <라면>집의 대게라면도 일품.

한인이주 150주년 기념비

⫸ 아르바트 거리

해양공원 인근에서 롯데호텔(구 현대호텔)로 오는 길에 폰키나 거리에
아르바트거리가 있다. 도로 곳곳에 벤치도 있어 휴식공간으로 모처럼
한가한 시간을 보낼 수 있는 곳이기도 하다. 다양한 디자인의 커피숍도
많이 있으며, 젊은이들의 노래와 기타 소리를 들을 수 있는 낭만적인
곳이기도 하다. 한국인이 운영하는 러시아 최초의 유스호스텔인 <수퍼
스타>가 있다.

⋙ 국경박물관

세묘노브스카야 17번지. 국경박물관은 1860년 북경조약이후 중소 국경지대의 국경과 관련된 여러 진열품들이 전시되어 있다. 박물관 야외에는 국경을 지키는 돌로 만든 개와 국경에 세워진 경계표시 비석들이 전시되어 있다. 전기관내는 상당히 엄숙한 분위기로 군인들이 지키고 있다. 옆에는 시외버스터미널과 우리의 이마트 같은 대형 마트인 클레버하우스가 있다. 롯데호텔에서 해양공원 방향으로 걸어서 10분정도 거리에 있다.

⋙ 연해주미술관

1966년 6월 개장하여 오늘에 이르며 미술관 2층에 위치한 전시장은 그 입구에 16세기에 그려진 성상화(Icon)실에서 러시아 정교 미술을 시작으로 150여점의 그림이 시대별로 잘 정리되어 있어 관람객으로 하여금 편안한 마음으로 감상을 할 수 있게 그림이 배치 되어 있다.

대표적인 작품으로는 러시아 사실주의 화가, 이동파(передвижник)의 수장 일리야 레핀(Ilya Repin)의 "1901년 5월7일 국무회의" 부분 작품, 러시아에서 프랑스로 귀화한 샤갈의 작품 "만돌린을 연주하는 데이비드"와 표현주의와 후기 인상주의의 대표인 칸딘스키의 즉흥작, 일생을 바다 그림만 고집했든 거장 이반 아이좁스키(Ivan Aivazovsky)의 대작 "흑해 일출"은 전시실 전체를 압권 하는 웅장함에 감탄사를 자아낸다.

연해주미술관

시내 한 중심가에 율브리너 생가 바로 길 건너편에 위치 해 있으며 한 시대를 풍미한 할리우드의 명배우 율브리너 동상의 시선이 연해주 국립 박물관 입구 쪽으로 고정되어 있다.

박유은 교수

한국인을 위한 무료 대여 "오디오 가이드"로 안내와 작품 감상을 할 수 있다. 박유은 교수의 명품 해설도 준비되어 있다 .

[개관 시간]

하절기(3월1일-10월31일)

매일 11:00 - 19:00(마지막 입장 18:30)

동절기(11월1일-2월29일)

매일 10:00 - 18:00(마지막 입장 17:30)

대학생/청소년 200루블(한화3700원/2019년10월 기준)

일반 300루블(한화 5550원/2019년 10월 기준)

매월 세 번째 목요일 무료 개방

매주 월요일 휴관

⫸ 롯데호텔

세묘노부스카야 29번지. 서울에 현대사옥을 바로 연상할 수 있는 블라
디보스토크에서 가장 고급 호텔이다. 한국과 관련된 각종 국제회의들
이 이곳에서 열린다. 1층에 해금강이라는한국식당이 있다. 12층에는 스
카이라운지가 있어 시내 야경을 보며 러시아 노래를 든는 맞도 이국의
밤을 보내는데 한결 즐거움을 준다. 2018년부터 롯데가 현대호텔을 인
수하여 롯데호텔이 되었다.

⫸ 수퍼스타 게스트하우스

Адмирала Фокина ул., 8번지

2016년 5월 1일 블라디보스토크 최초로 여행자들만을 위한 공간으로
탄생한 게스트하우스로 블라디보스토크를 방문하는 여행자 선호도 부
동의 1위 숙소이다.

게스트하우스앞 풍경(아르바트 거리)

외국인들도 많이 찾지만 한국인 사장님과 한국인 매니저가 상주하기에 낯선 여행지인 러시아를 방문하는 한국인들에게 특히 사랑받고 있다. 100년된 고택에 직접 나사 하나까지 셀렉하고, 마음에 드는 조명을 찾아 홍콩에서 직접 가져오고, 벽면 컬러 하나까지 직접 조색해서 만든 사장님의 감각적이고 모던한 디자인의 인테리어가 게스트하우스임에도 머무는 이들에게 가격이상의 즐거움을 선사하고 이케아 침대의 편안함은 지친 여행자들에게 편안한 잠자리를 제공한다. 심지어 여행자들사이에선 '마약침대'로 불리우기까지 하는 슈퍼스타의 침대는 여행지임에도 불구하고 아침마다 늦잠을 자게 만드는 비밀도 간직하고 있다.

오픈하자마자 배우 김옥빈과 가수 테이가, 최근에는 이선균과 김남길과 같은 배우들이 다녀가는 등 슈퍼스타라는 이름에 걸맞게 국내 유명 스타들도 다녀갈 만큼 매력적인 곳임에 틀림없으며, 심지어 프랑스에서 제작한 열차관련 다큐멘터리에도 소개되기도 했다. 물론 현실에 지친 모든 여행자들이 자신의 여행에서 만큼은 슈퍼스타이자 주인공이 되길 바라는 장원구 사장님의 숨은 뜻이 이름에 담겨져 있어 위로받고 싶은 여행자들의 발길이 끊이지 않고 있다.

게스트하우스 라운지

게스트하우스 더블룸

게스트하우스 6인 도미토리

게스트하우스 8인 도미토리

라운지 오픈키친에는 혼자온 여행자도 부끄러움이 많은 사람들도 오랜 친구처럼 만들어 준다. 많은 여행자들에게 마법의 테이블로 불리는 4미터짜리 거대한 원목 식탁이 자리잡고 있어 매일 저녁 여행자들의 만남의 장소가 되고 하나 둘 각자의 먹을 것과 마실것을 들고 모이면 매일밤 성대하고 자발적인 파티가 열려 각자의 여행 정보를 공유하고 흥미진진한 모험담이 펼쳐지는 것은 슈퍼스타만의 매력이 아닐수 없다. 심지어 슈퍼스타에 머물지 않는 여행객들도 와서 놀다가는 것을 보면 여행자들을 위하는 사장님의 성격이 보이는 것 같아 늘 흐뭇하다. 무엇보다도 아르바트거리에 있어 그 어떤 호텔, 호스텔, 에어비앤비 보다도 위치 하나 만큼은 5성급 부럽지 않고 도미토리 뿐만 아니라 프라이빗룸도 준비가 되어 있으니 블라디보스토크의 숙소고민은 그만하고 슈퍼스타로 결정하면 된다.

·»› 소울키친(Soul Kitchen)

2019년 3월 1일 블라디보스토크에 없던 공간이 탄생했다. 블라디보스톡 최초의 미니멀라이즈 부띠끄 호텔이자, 로컬 디자이너들과 협업을 통해 창조해낸 전에없던 아주 유니크한 호텔 소울키친은 아르바트 거리와 마주한 스베뜰란스카야 거리에 있다. 오히려 아르바트보다 더 핫한 공간에 위치해 오픈하자마자 연일 만실로 예약하기가 하늘의 별따기와 같이 어려워져 최소 이용 두달전에는 미리 예약을 해야하는 것은 필수가 되어버린 공간이다. 호텔이름에서 유추해볼 수 있듯이 객실외에도 아주 특별한 두개의 스튜디오 키친을 갖고 있어 호텔임에도 불구하고 필요할때는 키친을 이용해 직접 무엇이든 원하는 것을 쉐프처럼 준비해 볼 수 있는 것은 투숙객들에게 잊지못할 경험을 하게 해 준다. 쉐프들로 부터 사랑받는 전문 조리도구들도 구비되어 있어 요리에 관심있는 사람이라면 더욱 즐거운 공간이 될 것이고 요리를 못하는 사람이라면 호텔에서 진행되는 쿠킹클래스에 참여해서 웨스턴타입의 스타일리쉬한 러시아 요리를 배워 볼 수 도 있다.

단순하게 잠을 자는 숙박시설이 아닌 100년된 고풍스러운 저택에서 지친 현대인의 마음에 휴식을 가져올수 있는 힐링 공간임을 호텔 운영진들의 섬세함에서 느낄 수 있어 더욱 사랑받고 있는 것 같다. 심지어 아침마다 투숙객이 라운지에 나와 준비된 자리에 앉으면 담당 쉐프에 의해 조리가 시작되고 그들만을 위해 준비되는 소울키친의 조식은 매일매일 각 테마와 주제별로 제공되기에 머무는 기간내내 아침식사의 즐거움까지 가져가게 된다. 전 객실이 조금씩 모두 다른 디자인으로

구성되어 있어 보는 즐거움마저 두배가 되고, 그 크기는 조금 씩 다르
지만 객실당 최대 4명까지 머물수 있어 일행이 많아도 문제없이 머무
실 수 있다.

﹒⑷ 베르살호텔

아르바트 거리 바로 옆에 위치해 있으며, 해변공원까지는 도보 2분, 시
내 중심가의 관광 명소까지도 걸어서 5분 거리에 있는 호텔이다.

3층 높이의 낮은 건물, 폭에 비해 높이가 긴 형태의 창문 등 1900년대 초 유럽 스타일의 특징이 잘 간직되어 있는 호텔로 1909년에 처음 지어진 호텔로 당시 1층에는 미술관, 고급 식료품, 과자, 의류 쇼핑몰이 위층에는 객실이 있었다. 1992년 옛날 외내관 사진들과 설계도를 기반으로 호텔 재건작업이 시작됐고 1890~1910년대 유럽에서 유명했던 모던 건축양식의 느낌과 특징을 그대로 살려놓는 데 거의 성공했다. 2007년에는 이탈리아의 유명 건축 디자이너 아나클레토 마리아니를 초청해서 인테리어 리모델링 작업이 시작되었고 필수적인 편의시설이 대거 추가되어 오늘날의 모습이 완성이 되었다.

◦⫸ 아지므트 호텔

나베레쥐나야 10번지. 롯데호텔보다는 시설이나 규모면에서 크진 않지만 블라디보스토크 바다 언덕위에 위치하고 있어 전망이 좋은 호텔이다. 특히 언덕 바로 밑이 과거 한인들이 이주하여 정착하였던 곳이고, 한인들의 최초 이주지인 개척리와 해양공원도 가까워 편리하다. 석양을 바라보며 맥주 한잔 하는 기분은 일품이다.

아는 만큼 보인다 │ 조창용의 블라디보스토크 개척리 방문기

조창용의 『해항일기』(海港日記)는 조선 말기의 애국지사 조창용이 러시아 블라디보스토크와 중국 상해를 유람하고 지은 견문기. 1914년에 편찬한 작자의 문집 『백농실기』에 수록되어 있다. 1908년 1~5월 사이의 기록으로 국한혼용체의 필사본이다.

부산, 원산, 웅기만을 거쳐 블라디보스토크로
1908년 1월 9일에 나는 블라디보스토크 한민학교 교사 초빙에 대하여 즉일로 행장을 꾸려 길을 떠나 부산항에 도착하다. 밤에 초량 홍성희의 집에 숙박하다. 즉 북어조합소(北魚組合所)이다.
다음날에 화륜선에 올라 원산을 향하여 떠나다. 나는 배타는 것이 이번이 처음인 까닭에 뱃멀미로 매우 괴로워서 함께 배를 탄 사람의 구호를 받았다. 동 12일에 원산항 전승경의 집에 도착하여 위암 장지연 선생을 만나니, 내가 오늘 처음 이 선생님을 만나 먼저 선의(先誼)를 말하고 뒤에 사회의 일을 말하니 만리에 괴로움을 함께 함에 처음 만났지만 오래전부터 알던 것 같은지라. 다음날 본항에 거주하는 유국전, 정국산의 집을 방문하니, 정국산은 여사(女史)이다. 유국전도 역시 그러하다.

일대의 문장과 명예가 자자하여, 현재 본 항구 내의 여자교육회 회장이라. 그 문이 맑고 깨끗하고 수석(水石)이 기이하고 빼어남에 몇 간 정자를 짓고 거문고와 책으로 일삼다. 처음 봄에 매우 친절하여 내가 인하여 블라디보스토크로 감을 말하다. 다과를 내오다. 조금 쉰 뒤에 숙소로 돌아왔다. 다음날에 국산의 집에서 노자 1엔을 사환을 보내 부쳐 오고 편지를 보내오다.

16일에 본 항구를 출발함에 이 곳의 신사 100여 명이 증별연(贈別宴)을 마련하고 거마로 부두에서 전송하다. 동 18일에 성진항에 정박하여 최봉준의 집에 숙박하다. 대개 이 땅은 기후가 매우 차고 인물이 준수하고 언어가 매우 다르다. 가옥은 모두 양옥이다. 여러 층으로 된 높은 누각이다.

21일에 웅기만에 정박하니 바닷물이 모두 얼어붙어 칼 같은 북풍이 사람의 뼈를 에는 듯하여 찬바람에 앞으로 나아가고자 하는 뜻이 없었다. 이어 러시아 군함에 올라 떠날 새, 강산이 처음 대하는 것이요 인물이 처음 보는 것이요 음식이 모두 처음 맛보는 것이라.

블라디보스토크 개척리 도착

25일에 점점 태평양을 건너 아득히 블라디보스토크가 보이니, 휘황찬란하여 짙은 햇볕에 비치어 여러 층으로 된 높은 누각이 하늘 가운데 우뚝 솟았는데, 모두가 오색찬란한 돌로 된 집이었다.

점차 부두로 나아가니 바다 위에 늘어선 것이 즉 만국의 상선 및 본국의 군함이라 모두 산처럼 다가오고, 육상에는 즉 구외통선(歐外通線) 화차(기차)가 정기로 와서 도착하니, 실로 웅장하고 번창하며 번영함을 가히 다 기록할 수 없을 정도이다. 이 땅이 블라디보스토크 항이다.

한국 신사 100여 명이 거마로 와서 맞이하여 각기 거마에 오르다. 시가가 점차 들어갈수록 번화하고 풍경이 미려하다. 위암 장지연 선생은 바로 해조신문사로 들어가시고 나는 바로 여관인 이치권(李致權)의 집으로 들어가다. 한민(韓民)의 거류지는 즉 개척리이다.

2월 2일에 한민학교 내에 개회하고 본교 임원 두 사람이 여관을 방문하여 교사를 예를 갖춰 초빙하는 뜻으로 개회 때 출석하기를 청하여 나는 가서 참석하다. 거류민장 양성춘씨는 본교 설립의 역사를 설명하고, 노야(老爺) 김학만 씨는 교육 권면의 일을 설명하고, 최봉준 씨는 앞으로의 확장 방침의 건을 설명하고, 그 외 자리에 모인 사람 100여 명이 각기 동의의 뜻을 표하여 친애의 뜻을 보이고, 또 장지연 선생과 함께 만리 먼 곳을 건너와 해외동포를 돌아보아 사랑하니 감사함을 다 표현할 길이 없다 하고, 각기 악수하며 통성명하고, 이어서 국가의 위급함과 민족의 고난과 시무(時務)의 지극히 급함을 말하여 모두 눈물을 머금고 분하여 원망하며 술을 내와 잔을 나누고 학교로 오기를 청하는 뜻을 표하고 모임을 파하여 각기 돌아가다.

이날 밤에 학교로 들어가서 교실내의 한 방으로숙박할 곳을 정하다. 이튿날 내가 출석하니 남녀 생도가 합쳐서 130여 명이라. 어떤 이는 양복을 입고 어떤 이는 한복을 입었고, 언어는 혹은 러시아말을 쓰고 혹은 중국어를 쓰는데, 말이 매우 달라서 자세히 이해할 수 없었다.
융희 2년(1908년) 2월 23일이다. 함께 일하는 교사는 김종만, 김만국 두 사람이라. 김만국은 귀국할 차로 퇴교사단(退校辭單)을 제출하다. 월급은 러시아 돈 15루블(留)로 의정하다. 같은 학교 내에 동미연합상업회(東美聯合商業會) 임시사무소를 설치하고 발기위원에 선임되다.

융희 황제 탄신일을 맞이하여
【황제의 탄신일이다. 무신년(1908) 2월 일 블라디보스토크에 있을 때】
여러 아이들 멀리서 축하하노라 다투어 나오니
가는 길에 애국하는 마음이 싹트네.
만국의 화륜선 모여드는 곳이요
육대주 인물들 섞여사는 곳이라네.

같은 날 해조신문사 내에 축하연을 마련하였는데 주무 최봉준(崔鳳準)이가 주최했다. 정만영, 한형권은 본사 기자이며 이광국, 장지연 선생, 이강, 박영진씨 등 여러분이 참석하고, 그 외 본항의 신사와 외국 신사가 구경하다. 러시아의 음악으로 만세를 부르고 거류지 내에 태극기를 휘날리고 밤에 학생으로 학교 내에서 축하하게 하여, 당일의 성대한 모습은 자못 족히 장관이라 할 만하였다.

아는 만큼 보인다 개척리 사람들의 삶의 모습

〈해조신문 창간호 1908. 2. 26. 광고〉

1. 기사제목_머리 깎으러 오시오

본인이 본항 개척리 중 거리 제삼백팔십이호에 이발소를 신설하고 제반 기구를 준비하고 위생에 매우 주의할 뿐더러 이발을 정결케 하오며 각 학교 학도들에게는 특별히 감가하여 좌히 작정하였사오니 첨군자는 왕림하심을 무망함.

통상 이발료 사십전

학도에게는 십전씩

신석화 고백

2. 기사제목_웃옷 지으러 오시오

아낙네 웃옷든지 사나이 웃옷이든지 한복이든지 양복이든지 지으실 이는 개척리 대문안 제오백구십오호 평사제로 오시면 바느질은 얌전하고 침공은 싸게 지어드리오리다.

상해집 고백

3. 기사제목_광고

복견환이 금년부터는 한국기호를 달고 이름은 준창환으로 고쳤으며 음력 이월 초십일에 본항에 도착하여 일주일 간에 한번씩 본국 성진과 원산항으로 갔다 왔다 할터이오니 내왕하시는 선객들은 본항 개척리 박인협 씨댁 동편 술개가집으로 와서 문의하시오.

준창환 고백

4 기사제목_도장 광고

본인이 개척리 대문 안에 육백십삼호 이치권 씨의 집에서 도장을 새기오니 도장을 새기실 양반들은 그 집으로 오시옵.

함도장, 사모도장, 둥근도장 또 이외에 여러 가지가 있삽고 국문, 한문, 아문(러시아문), 영문이든지 소청대로 얌전하게 새겨드리지오.

이동춘 고백

5. 기사제목_서책 발매 광고

본사에서 발간한 서책을 좌와 같이 발매함.

서사(스위스) 건국지

애국정신담

매권에 정가 삼십오전씩

6. 기사제목_지급광고

우리 대한학교와 계동학교가 설립한지 몇해에 교사의 열심교수함과 학
도의 실심향학함은 뉘가 현하하지 않으리오마는 본 학교의 설립한 근
본을 말하면 첨군자의 지극히 용심하신 의연금이 아니면 어찌 오늘날
까지 유지하리오. 그러한즉 본 학교의 설립함과 유지함이 모두 첨군자
의 유념하신 바라. 의연하신 성의를 차차 녹명 광고하여 사방에 광포
하려니와 다만 의연록에 기록만 하시고 지금껏 금액을 보내지 않은 곳
이 많사오며 또 본교에서 여러번 재촉하여도 보내신 것이 적사오니 본
학교에 시급한 사세를 헤아리셔서 불일내로 보내시기를 첨만 기망함.

대한학교, 계동학교 고백

아는 만큼 보인다 **조선 무역왕 최봉준**

최초로 한·러 무역을 개척하다

증기선을 구입하여, 동해를 이용, 국제무역에 나섰
던 인물, 급변하는 정세속에서 러일전쟁특수와 사람
들의 먹거린인 생우에 주목, 해운업의 새로운 영역
을 개척한 최봉준. 독립운동의 시대정신에도 충실했
고 오블리스 노블리스를 실천한 참 경제인이다.

최봉준

준창호를 이용, 한국의 해운업을 개척하다

최봉준(1862-1917)에게는 조선의 무역왕, 조선의 선박왕, 조선의 실업
왕, 조선의 해운왕, 백만장자 조선의 거부 등 다양한 타이틀이 붙어 있
다.최봉준은 1862년 6월 20일(음력) 함경북도 경흥군 가난한 집안에
서 출생하였다. 그리고 가난을 못이겨 1869년 기사년 대흉년시기 러시
아 연해주로 이주하면서 그의 러시아 생활은 시작되었다. 즉 최봉준은
러시아로 이주한 초창기 인사이며, 러시아에 귀화한 인물이다. 특히 그

는 러시아 연해주를 대표하는 상인이며, 한인지도자이며, 계몽운동가
이기도 하였다.

준창호

우선 그는 상인이었다. 상인 가운데서도 거상이었다. 국내와 무역업을
전개했고, 여객업도 하였다. 특히 그 가운데서도 주목되는 것은 준창호
라는 1400톤 배를 구입하여 한국의 대표적인 해운업자로서, 한국의 해
운업을 본격적으로 개척한 인물로서도 주목된다.

최봉준 하면 떠오르는 것이 철제증기선 준창호이다. 1864년 홍콩에서
건조, 길이 1328톤, 길이 71,23m, 폭 9,23m, 흘수 6.85m. 일본인 소유
로 청일전쟁, 러일전쟁 등에 운반선으로 참가한 후 최봉준에게 매각.
조선인 민간업자가 운영한 거의 최초의 근대적 상선이다.

준창호는 바로 최봉준을 상징하는 것이고, 최봉준은 곧 준창호였다. 나
아가 준창호는 바로 한국인들의 자랑이기도 하였다. 이 준창호로 최봉
준은 블라디보스토크, 청진, 원산, 성진, 나가사키, 상해 등지를 오가며
국제적인 무역을 전개하였다. 최봉준은 블라디보스토크에 본점을, 중
국과 러시아, 한국의 국경지대인 연추와 함경북도 원산과 성진에 지점
을 두고 있을 정도였다.

한편 최봉준은 외국으로부터 각종 물품도 가져와 지점을 통해 판매하
였다. 성진지점에서는 상해, 홍콩, 블라디보스토크, 일본 등지에서 주단,
양목 등을 수입해서 판매하였다 또한『신한민보』1918년 7월 18일자에
있듯이, 북쪽에서 생산되는 몇 억 마리의 명태를 남쪽 도시에 수송하기
도 하였던 것이다. 이외 미국의 밀가루, 베트남의 백미 등과 같은 식품과
함께 각종 물품을 판매하였다. 상점도 국내의 원산이나 성진외에, 상해,
연태, 하얼빈, 일본 등에 5-6개를 둘 정도로 무역이 성행하였다.

소 무역으로 부를 이루다

최봉준의 블라디보스토크와 함경도 원산, 성진 지역의 항구를 중심으로 이루어진 생우(生牛)무역은 유명하다.『매일신보』1910년 12월 28일자에서도, 원산, 성진으로부터 금년 1월부터 10월 말에 이르기까지 러시아에 수출된 생우는 5,606두로 성진 재류 러시아 귀화인 최봉준에 의해 취급되었다고 하고 있다.

최봉준은 1900년대 의화단사건 및 1904-1905년의 러일전쟁때 군대용달로 큰돈을 번 것으로 되어 있다. 다름 아닌 전쟁 특수를 통하여 자산가로 성장할 수 있었던 것이다. 특히 러일전쟁 당시에는 생우의 물량이 크게 증가하였다.특히 최봉준은 물품 가운데 군인들의 대표적 먹거리인 생우의 납품을 통하여 이윤을 보았던 것으로 보인다. 일찍이 한인들은 러시아 군인들에게 생우 등을 공급하고 있었던 것이다.

코르사코프카 이정표

이해를 돕기 위해서는러시아 연해주와 함경도지역의 무역에 대하여 살펴볼 필요가 있다.함경북도 지역의 성진, 단천, 명천, 갑산 등지에는 옛날부터 우수한 품종의 소들이 생산되는 곳이었다. 함경북도 지역의 소들은 블라디보스토크 간의 교역에 있어 주요한 물품이었다. 경흥세관에 남아있는 자료에 의하면, 1892년에 1,469 두, 1893년에 1,432 두, 1894년에 1,686 두, 1895년에 2,347 두, 1896년에 2,588 두로 해마다 증가하고 있다. 이처럼 한국의 블라디보스토크로의 생우 수출은 해마다 증가일로를 거듭하여 가고 있었다. 예컨대, 블라디보스토크에 살고 있는 김병학이 1901년에 성진항으로부터 실어간 소는 총 1,622 두

란 기록이 있다. 또한 1901년에 한 관찰자가 몇몇 군에 대해서 군마다의 생우수출두수를 조사한 보고가 있는데, 그에 의하면 명천 1,100 마리, 경성 1,000 마리, 부령 1,000 마리, 회령·갑산·삼수·무산 등을 합쳐 5,000 마리로 되어 있다. 이러한 가운데, 원산에서 기선으로 직접 블라디보스토크로 수출하는 길이 열리게 되었다. 기선편에 의한 블라디보스토크 항로는 1901년에 개설되었다. 이 항로를 개설한 사람은 블라디보스토크에 거주하는 김병학이었다. 1901년 6월 이래로 김병학은 자기가 키운 생우 수출을 목적으로 기선을 도입하여 원산과 블라디보스토크 항간(운수 항로를 개시하였다. 그 후 이 기선편 생우 수출사업을 인계한 사람은 바로 블라디보스토크의 최봉준이었다. 1910년 원산 성진으로부터 1월부터 10월 말에 이르기까지 노령에 수출된 생우는 5,606두로 성진에 거주하고 있던 최봉준에 의해 취급되었다

1911년 당시 원산과 블라디보스토크 항로는 준창호만이 전용선으로 운항하고 있었다. 원산항을 기점으로 하여 신포에 기항, 생우를 싣고 성진을 경유하여 블라디보스토크로 가는 월 2회의 항로였다. 연해주로 갈 때, 여객 316명, 돌아올 때는 여객 96명(주로 연해주 사금점에서 일하는 인부들)이었다. 귀환시에는 염장 청어 8만마리를 수입하기도 하였다.

최봉준의 몰락은 일차적으로 1912년 준창호가 항해 중 일본 하관(下關)에서 좌초된 이후 수출에 많은 타격을 입었음을 들 수 있다. 그러나 더 중요한 것은 준창호를 통한 러시아로의 생우 수출의 격감이 그 원인 중 하나가 아닌가 생각된다. 1913년 4월 19일 매일신보 <노령 수출 생우 감소>에 따르면, 조선 북부지역에서 블라디보스토크로 수입되던 소의 수입 경로가 다변화 되는 모습을 볼 수 있다. 즉, 중국 산동성으로부터 청도(靑島) 등지를 경유하여 해로로 소의 수입이 증가하였다. 또한 하얼빈, 해랍이 지방으로부터 철도를 통하여도 이루어지게 되었다. 아울러 자바이칼 지방으로부터 빙우(凍牛)가 유통되기도 하였던 것이다. 아울러 매일신보 1914년 8월 22일자 지방통신 <함경북도 産牛組合>에서도 함북지방의 경우 생우의 1년 거래 대금이 거만원에 달하고, 나라수입의 원천이 되었으며, 함북경제를 지배하는 금고였는데, 근래에 소 수출이 미미하고 부진함을 전제한 후, 만주방면에서 수출되는 소들과의 경쟁을 들고 있다.

『매일신보』 1920년 11월 8일자 <北鮮 生牛와 무역, 露領에 직접 수출>에서는 최봉준이 1911년 10월 폐업하였음을 지적하고 있다. 최봉준의 폐업은 결국 생우 수출의 양을 급격히 감소시켰다. 1910년 9,670, 1911년 12,636두가 수출되던 것이 1912년에는 2,714두, 1913년에는 150두로 감소하였다.

최봉준 묘소터 원경　　　　　최봉준 묘소터(정교회자리)

독립운동에도 참여하다

최봉준은 상인이지만 자신만의 이익을 추구하지 않았다. 한인지도자로서의 역할에도 충실하였던 것으로 평가할 수 있을 것 같다. 그는 그의 상업상의 중심지였던 국내의 성진, 해외의 블라디보스토크 지역 등을 중심으로 학교 교육 및 신문 간행 뿐만 아니라 한인이주 60주년 행사, 안중근유족 구제회 등 다양한 사업에 참여하여 후원하는 모습을 보이고 있다. 특히 그는 1910년 사업이 망한 이후에도 사망하는 1917년에 이르기까지 비록 찬조액수는 줄어들었지만 그의 정성을 최대한 보태기 위해 노력하였다.

최봉준은 사업가로서 일정한 한계는 있었지만 민족운동에도 참여하는 모습을 보여주고 있다. 해조신문의 간행, 학교의 설립 등은 계몽운동의 차원에서 민족운동의 한 면모가 아닌가 한다.그는 한인지도자로서 러시아 및 국내의 많은 조선인들로부터 존경받는 인물로서 남아 있다.

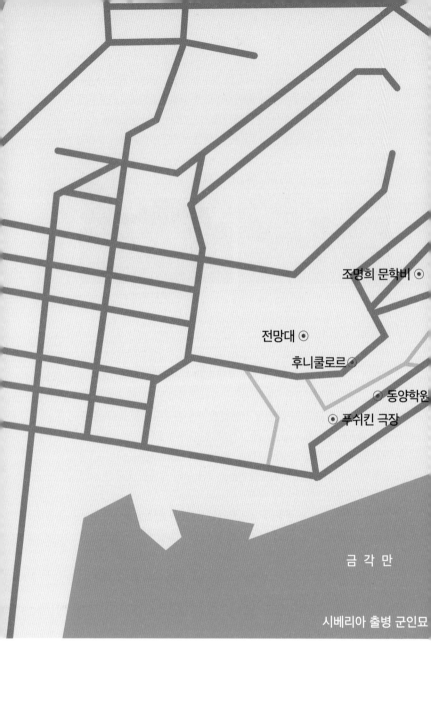

조명희 문학비 ◉

전망대 ◉

후니쿨로르◉

◉ 동양학원

◉ 푸쉬킨 극장

금 각 만

시베리아 출병 군인묘

푸쉬킨 거리

독수리 전망대

○ **독수리 전망대 답사**

전망대 ┈→ 재러문학의 아버지 조명희 문학비 ┈→

후니쿨로르 ┈→ 금각만대교 ┈→ 시베리아에 출병했

던 군인들의 묘지

독수리전망대

　독수리전망대는 금각만과 시코트 반도가 바라보이는 높이 약 193m의 언덕에 위치하고 있다. 블라디보스토크를 처음 방문하는 사람은 대부분 독수리 전망대로 향한다. 그곳에서는 이 도시의 남서 도시부분과 금각만, 루스키섬, 블라디보스토크 항구와 역 등을 두루 내려다 볼 수 있기 때문이다. 이관람객은 푸시킨스카야 거리에서 전망대로 가는 단거리 열차(?)를 이용할 수 있다.

독수리전망대

　전망대에서 내려다보는 항구와 시가 전경은 참으로 아름다운 절경이었다. 특히 금각만(조로토이로만)에 정박해 있는 배들의 모습은 바다와 어우러져 더욱 빛나 보였다. 그 건너 지역은 줄끼나 지역이라고 하였다. 특히 최근에는 루스키섬까지 큰 다리가 놓여 장관을 이룬다. 금각만대교를 지나 루스키 섬까지는 자동차로 30분 정도만 갈 수 있다. 루스키섬에는 다양한 방어시설들이 있으며, 최근 러시아극동연방대학이 그곳으로 이전하여 대학도시를 이루고 있다.

극동연방대학교

전망대에는 러시아어를 만든(한국의 세종대왕과 비견되는) 두 형제 신부의 동상이 서 있다. 현재의 키릴 문자는 초기 키릴 문자에서 갈라져 나왔으며 이 문자는 글라골 문자에서 갈라져 나온 것이다. 지금까지 이 글라골 문자는 동방 정교회의 선교사 성 키릴로스(끼릴)과 그의 형 성 메토디오스(메포지)가 슬라브족에게 포교하기 위해 그리스 문자를 바탕으로 고안되었다고 여겨졌으나 최근에는 이 이론이 부정되고 있다. 이들이 키릴 문자를 개발하였다는 주장도 있지만 논쟁이 있다. 비록 키릴로스

러시아어 창시자 키릴신부형제

가 키릴 문자를 직접 만들지는 않았을 것이지만 그가 글라골 문자에 기여한 것이 있기 때문에 이름이 이렇게 붙여졌을 것이다. 글라골 문자에 비해서 키릴 문자는 간단하였고 사용하기 쉬웠으며 그리스 문자와 가까웠다. 그래서 키릴 문자는 빠른 속도로 이 문자를 대체하였다. 키릴 문자가 슬라브 족 세계에 퍼지면서 루테니아어 같은 지역 언어에 맞게 변형되었다. 이는 현재의 많은 키릴 문자 변종의 근원이기도 하다.

블라디보스토크에서 제일 오래 된 동양학원

전망대를 내려와 육교를 지나면 바로 극동연방대학 과학박물관이 있다. 그곳 정원에 한글로 포석 조명희 문학비라고 쓰인 비석과 만나게 된다. 문학비가 있는 과학박물관에서 길을 건너면 후니꿀로르라는 기차역이 있다. 극동연방대학(과거 극동과학기술대)으로 내려가는 간이역이다. 이곳에는 최초로 설립된 극동대학 건물이 있다. 이곳에 조선어과가 최초로 설치되었다.

재러문학의 아버지 조명희 문학비

✿ 현 주소: 블라디보스토크 악싸꼬브스카야 12A번지 극동연방대 과학
박물관 밖 공원
2018년 문재인 대통령의 방문이후 블라디보스토크 시에서 새롭게
단장.

조명희(1894-1938)는 충북 진천 출신으로 1920년부터 8년 동
안 시, 소설, 희곡, 평론, 아동문학에 걸쳐 왕성
한 창작 활동을 하다가 1928년 소련으로 망명
한 뒤 한 때 소련 작가동맹의 요직을 맡기도
하였다. 추풍의 육성촌에 잠시 있다가 하바로
프스크로 와 그곳 중학교에서 교편을 잡았다.
동포 신문인 『선봉』, 잡지인 『노력자의 조국』
편집을 담당하기도 하였다.

조명희

대표작은 일제의 농민수탈과 이에 저항하는 지식인 운동가의
삶을 그린 <낙동강>을 비롯, <붉은 깃발아래에서>, <짓밟힌 고
려인> 등이 있다. 1937년 가을, 어느 날 스탈린정부에 의해 체포
되어 1938년 4월 15일에 사형언도를 받고 5월 11일 총살되었다.
1988년 12월 10일 타쉬켄트시의 알리세트 나자미 명칭 국립원고
연구소 문학박물관에 '조명희 문학기념관'이 세워졌다.

비문 후면에는 한글 및 러시아어로 표지판이 각각 설치되어 있
었는데 현재는 떨어져 나가 이를 확인 할 수 없다.

다음은 동판에 기록되어 있는 내용이다.

일민리 먼길에 굽이치는 아무르강

북빙양 찬바람의 추위를 받아

가만히 누워서 새날을 기다리니

〈아무르 보고서 중에서〉

조명희 문학비 앞, 뒷면

1894. 8. 10 충북 진천군 진천면 벽암리

1928. 8. 21 소련으로 망명, 블라디보스토크 신한촌에 거주

1934. 8. 10 소련작가동맹 가입

1937. 9. 18 NKVD에 체포, 사형선고를 받음

1938. 5. 11 총살 당함

1956. 7. 29 복권됨

1959.12.10 『조명희선집』 소련과학원에서 출간

⫸후니쿨로르

1962년에 개통되었다. 트랙길이는 183m이다. 탑승시간은 1.5분, 높이는 70m, 극동 러시아에서 유일한 케이블 기차이다.

⫸금각만대교

2012년 APEC을 계기로 블라디보스토크 시내에서 금각만과 바스포르 해협을 거쳐 루스키섬을 연결하는 총 3Km의 사장교형태의 연륙교가 건설되었다. 앞 부분이 금각만대교이다.금각만 대교는 다리길이만 1388m, 접근 도로를 포함하면 전체길이는 2,100m이다. 높이는 226m, 바다표면에서 높이는 64미터이다.

▶시베리아에 출병했던 군인들의 묘지

블라디보스토크 추르킨지역에 있는 중앙묘지에는 1918년부터 1922년까지 시베리아에 출병했던 체코, 캐나다 군의 묘지가 있어 당시를 생동감 있게 느끼게 한다. 묘지 근처에는 이 지역의 대표적인 학자인 아르세니예프의 묘도 있다.

체코군 묘지

캐나다군 묘지

아는 만큼 보인다 한국학대학 설립자 장치혁

장도빈의 아들인 전 고합그룹 장치혁 회장은 선친의 발자취를 따라 1989년 이 지역을 처음으로 방문하고 발해유적 등에 대하여 깊은 관심을 보였다. 고려학술문화재단과 극동연방대 한국학대학 설립자이자 블라디보스토크 명예시민이기도 한 그는 우수리스크에서 옛 발해왕국의 주춧돌이 남아 있는 역사현장을 처음으로 주목하였다. 부친의 민족정신을 이은 장

장치혁 회장

회장은 그 후 발해유적 발굴 조사 작업, 러시아지역 항일독립운동사 복원작업 등을 적극적으로 후원하는 한편 블라디보스토크 극동대학에 한국학대학을 설립, 한국학 발전에 크게 기여해 오고 있다. 그의 이러한 노력이 한국과 러시아 관계발전에 큰 기여를 했음은 연해주 일대를 방문한 한인들은 누구나 알고 있는 사실이다.

극동대학교 한국학대학의 전신은 1899년에 세워진 동양학원의 조선어과이다. 이 과는 2000년에 설치 100주년을 맞이하였다. 특히 이 학과의 교수와 졸업생들은 한국어를 할 줄 아는 관계로 한국인들에게 많은 애정을 보여 줬다. 교수인 뽀드스따빈의 경우는 1910년대 블라디보스토크에서 조직된 권업회의 명예회원으로서 한인들의 독립운동을 도왔으며, 이 학교의 졸업생인 듀꼬프의 경우는 『해조신문』『대동공보』의 발행에 깊이 관여하였다.

산운 장도빈 흉상

한국학대학

신한촌

ⓞ 러시

ⓞ 블라디

ⓞ 원동 조

옛 일본총영사관 ⓞ

스 베 틀 란 거 리

향토박물관 ⓞ   ⓞ   ⓞ

연해주   ⓞ
주정부청사   혁명전사상

태평

율브리너 생가지 ⓞ

ⓞ 극동문서보관소

블라디보스토크역 ⓞ   ⓞ 블라디보스토크항구

중앙혁명광장

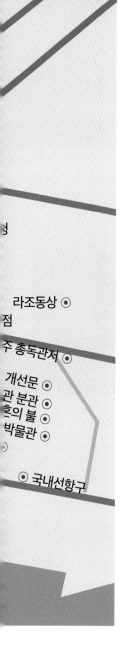

라조동상 ⊙

점

주 총독관저 ⊙

개선문 ⊙
관 분관 ⊙
혼의 불 ⊙
박물관 ⊙

⊙ 국내선항구

○ 중앙혁명광장 답사

중앙혁명광장 ┈▶ 일본총영사관 ┈▶ 1930년대 초
건립된 유일한 조선인대학 ┈▶ 블라디보스토크역
┈▶ 레닌동상 ┈▶ 아르세니예프 향토박물관 ┈▶ 율브
리너 생가지 ┈▶ 굼백화점 ┈▶ 블라디보스토크 개선
문 ┈▶ 세르게이 라조동상 ┈▶ 운테르베르게르 총독
관저 ┈▶ 잠수함 박물관

중앙혁명광장

✖ 현 주소: 스베틀란스카야 대로의 중심

　오케얀스카야를 따라 걷다보면 스베틀란스카야와 만나는 지점에 위치한 중앙혁명광장은 1937년 10월 4, 5, 7, 9, 11, 13일 등 여러 차례에 걸쳐 조선인들을 집합시킨 후 열차에 태워 강제이주가 이루어졌던 곳이다.

중앙혁명광장 옛 모습　　　　　　　중앙혁명광장 현재모습

　블라디보스토크 시내의 중앙에 위치하는 중앙광장은 블라디보스토크의 상징이며 공산주의 시절에는 이곳을 혁명광장이라고 불렀다. 현재에도 그 시절을 상징하고 있듯이 1917년~1922년 러시아 극동지역에서 구 소련을 위해 싸웠던 병사들을 위한 기념물인 혁명전사상이 위풍당당하게 광장을 앞도하고 있다. 혁명전사상은 1961년에 만들어졌으며, 모스크바의 조각가 A.I.Teneta에 의하여 만들어졌다. 중요한 국경일 행사가 개최되는 광장으로 블라디보스토크의 대표적인 유적 중의 하나이다. 시민들에게 휴식처를 제공하고 있으며, 주변으로 흰색 고층 시청건물이 있다. 이곳에서 금각만으로 향해 올라가다 보면 블라디보스토크 125주년을 기념하는 오벨리스크가 있으며, 작은 만과 바다 및 선박들을 볼 수 있다.

혁명광장에는 최근 APEC 정상회담을 위해 푸틴 대통령이 블라디보스토크를 방문한것을 기념하는 기념비가 세워졌다. 기념비에는 러시아의 위대함을 보여주는 다양한 부도가 설치되어 있다. 아울러 새로운 큰 성당이 조성되기도 하였다.

혁명전사상을 중심으로 북측에는 옛 일본총영사관과 조선사범대학이, 우측에는 굼백화점과 우수리극장이, 좌측에는 연해주지방 주정부 종합청사와 향토박물관이, 남쪽에는 바다 그리고 그 옆에 블라디보스토크 역과 항구가 펼쳐져 있다.

오늘날에도 이곳에 벼룩시장에 서기도 하며, 블라디보스토크의 중요 공공행사들이 열리기도 한다. 전승기념일 5월 9일에는 각종 퍼레이드와 불꽃놀이가 펼쳐지고, 금요일에는 다양한 장터가 열린다.

일본총영사관

❖ 현 주소: 오케얀거리 7번지

오케얀스카야에서 광장 못미쳐 1916년부터 1946년까지 설치되었된 일본 총영사관 건물이 남아 있다. 오케얀스카야 7번지이며 2층 건물 석조로 되어 있다. 러시아의 연해주지역 항일독립운동을 탄압하던 일본의 대표적인 기구로 지하에는 한인독립운동가들을 투옥했던 감방이 있다. 건물에 일본을 상징하는 국화 모양이 새겨져 있으며 과거에는 건물 앞에 두 마리 사자상이 있었다고 하는데 지금은그 모습을 찾아 볼 수 없다. 현재는 사용하지 않지만 여전히 견고해 보이는 이 건물은 당시 일본의 위세를 보여주는 듯 했다. 화룡현 용정에 있는 일본 총영사관보다 웅장해 보였다.

일본총영사관 옛 모습

일본총영사관 현재모습

일본인들은 명치 초기부터 블라디보스토크에 거주하기 시작하였으며, 1876년에는 일본정부의 무역사무소가 설치되었다. 1880년대 이후에는 나가사키 간의 정기 항로의 개설에 따라 일본인 거류민 수도 증가하여, 20세기 초에는 약 3천명을 헤아렸다. 러·일전쟁의 발발로 대부분은 철수하였으나 전후 곧 복귀했다. 무역사무소는 1907년에, 그리고 1909년에 총영사관으로 승격했다.

1930년대 초에 건립된 유일한 조선인대학

✤ 현 주소: 오케얀거리 18번지

조선인 대학 졸업생 모습과
옛모습(붉은 색 표시부분)

조선인 대학 현재모습

영사관 건물의 반대편에는 원동조선사범대학 건물이 있다. 이 대학은 1931년에 한인들이 설립한 최초의 대학으로 당시 해외에서 하나밖에 없는 조선인 대학이었다. 1935년에 첫 졸업생 35명을 배출하였고, 학교내에 단기코스 노동학원을 부설하였다. 1937년 강제이주 때 카자흐스탄공화국 크질오르다로 옮겼다가 폐교되었다. 1935년 당시 사진은 『선봉』 1935년 6월 29일자 1면에 나와 있으며, 당시 주소는 블라디보스토크 키타이스카야 18번지(선봉 1935년 6월 29일자)였다. 1935년 중반 당시 고려사범학교에는 역사과 물리·수학과, 자연과, 언어과 등 4개학과와 화학, 물리·수학, 사회·경제, 조선어, 노어·문학 등 각 학과에 19명의 한인교수를 포함, 29명의 교수를 확보하고 있었다. 1934~35년 당시 학교장은 오가이 뻬뜨로였다. 건물은 청회색의 외벽을 가진 3층 건물로 프리모르스키 크라이(연해주) 파제예프 도서관 겸 노동자동맹 연해주 지방위원회 건물로 사용되었으나 최근에 새로이 단정되었다. 파제예프는 볼세비키 혁명기 및 소비에트 정권 초기 활약했던 러시아의 문호이다. 과거에는 뒤편으로 공터가 있었으며, 뒤에 문이 있었다고 한다. 현재는 앞으로 들어가게 되어 있으며, 뒤에 공터도 없다.

블라디보스토크역

블라디보스토크역 옛 모습   블라디보스토크역 현재모습

　광장에서 차로 약 5분 정도 가니 블라디보스토크 역사가 나타났다. 고색창연한 2층 정도높이의 역사였다. 역사 맞은편에는 레

닌의 동상이 서 있다. 역의 수많은 러시아인들 틈에 한국인들이 종종 보인다.

안중근

역사 옆에는 외국으로 가는 여객터미널이 있다. 여행객들과 많은 해군들의 모습이 보인다. 해군 사병들 가운데에는 어린 소년의 모습도 있다.

1937년 한인들의 강제이주 열차역이자 독립운동가들이 이동했던 역이다. 연해주에서 활동하던 독립운동가들이 이 역을 통하여 이동하였다. 특히 1909년 안중근이 이곳에서 하얼빈으로 떠났고, 1937년 한인들이 중앙아시아로 이동하였던 곳이다. 광장에는 러시아 국내전쟁(1917-22) 승리기념물들이 서 있고 정면으로는 금각만이 보인다. 그곳에 수많은 배들이 정박해 있다. 일반 여객선도 군용선박들도 다수 보인다. 한국의 청진, 부산, 그밖에 외국으로 가는 많은 배들이 이곳에서 출발하였다고 한다. 특히 금각만 옆, 스베틀란스카야에 있는 2차 세계 대전 중 사용하던 잠수함과 2차대전 시 죽은 장병들을 추도하는 영원의 불 앞에 있는 부두에서는 스라비얀카 등 연안지역으로 출발하는 배들이 정박해 있다고 한다. 외국으로 가는 배는 블라디보스토크 역사 바로 뒤에 있는 국제여객선 부두에서 출발했다고 한다. 또한 이곳 금각만으로 들어오는 배들은 바다를 중심으로 우측에 보이는 독수리 산과 좌측에 보이는 호랑이 산을 바라보고 이곳이 블라디보스토크인줄 알고 들어 왔다고 한다.

코노발로프가 설계한 블라디보스토크 역은 1907년~1912년에 건설되었으며, 시베리아 횡단철도 9,288㎞의 종착역이다. 역사의 외관은 러시아의 전통예술 양식으로 장식한 엷은 녹색 석조건물이다. 이러한 역사의 모습은 블라디보스토크가 러시아와 불가분의 관계가 있음을 상징한다.

블라디보스토크역은 모스크바의 야로슬라프스키 역을 거의 똑같이 모방한 것이다. 블라디보스토크 역은 실용적인 목적의 철도 종착역이라기보다 차르에게나 어울리는 궁전을 닮았다. 사실, 1891년에 이 역의 주춧돌은 상징적이게도 차레비치(차르가 될 황태자) 니콜라이(이후의 니콜라이 2세)가 놓았다. 이후 건설은 건축가 A. 바실레프스키의 설계에 따라 진행되었다. 1907년이 되자 급격하게 성장하는 블라디보스토크의 경제 규모에 비해 원래의 역사는 너무 작아졌다.

N. V. 코노발로프의 설계에 의해 새로운 역이 건설되었다. 그는 오래된 탑들과 벽 일부를 보존한 채 오늘날 서 있는 훌륭한 샤토 스타일 건물을 창조해 냈다. 한쪽 출입구 위에는 용을 무찌르는 성 게오르기우스를 나타낸 타일로 만든 선명한 모자이크 판이 있었다(이 성인은 모스크바의 상징이었다). 이 모자이크와 황제를 상징하는 다른 장식들은 소비에트 체제에서 모두 파괴되었으

며, 황제를 상징하는 두 개의 머리가 달린 독수리도 목이 달아났다. 1958~1991년까지 블라디보스토크에는 외부인의 출입이 금지되었다.

건축학적인 보석이라 할 만한 이 역의 외부는 역사 앞에 있는 광장의 자갈과 함께 1994년 엄청난 노력 끝에 복원되었고, 2년 후에 웅장한 내부에도 섬세한 복구 작업이 이어졌다. 근처에 있는 광장은 150년 전 이 도시가 탄생한 장소이다. 종착역에서 조금 걸어가면 중앙 거리(그리고 최초로 지어진 거리) 스베틀란스카야가 나오는데, 블라디보스토크 시의 역사적인 유적은 대부분 이 거리에 밀집되어 있다.

관광명소

◀))) 블라디보스토크 역 앞, 레닌 동상
러시아 블라디보스토크의 스베틀란스카야리에 위치해 있으며, 1930년 처음 조성 당시 블라디보스토크 기차역 광장 중앙에 있었으나, 1970년대 레닌 탄생 100주년 기념행사에 맞춰 언덕으로 옮겨져 커다란 받침대 위에 세워져 있다.

⟫ 시베리아 횡단열차 - 블라디보스토크에서 하바롭스크

우리일행은 저녁 7시 15분 블라디보스토크를출발하여 하바롭스크에 다음날 아침 7시 45분에 도착하는 열차에 탑승하였다(열차에 따라 승차 하차 시간 다름). 묵뚝뚝한 특유의 러시아인의 표정을 지은 여자 차장은 표와 열차를 일일이 검사하였다.

차량이 높은 편이라 짐을 갖고 타는데는 일정한 어려움이 있었다. 열차는 모두 16량이었는데 15번 객차에 올랐다. 2인실 2곳을 포함하여 4인실 등 모두 36번까지 좌석이 있었다. 나는 15번 객차의 끝 쿠페였으며, 화장실 옆이었다. 번호는 35번이었다. 홀수는 아래층이며, 짝수는 2층이다.

1층에 좌석을 들어올리면 집을 넣을 수 있는 공간이 나온다. 짐을 놓고 앉았다. 차장이 손님개인에게 수건과 배게 포, 덮는 시트 까는 시트 각 1장 씩을 제공해주었다. 하차 할 때는 이들 모두 밥납해야 한다(현재는 모두 자리에 비치되어 있음). 호텔에서 사용하던 쓰레바를 갖고 왔더니 요긴하게 사용되었다.

방안구조는 침대 4개, 음식물과 책 등을 놓을 수 있는 탁자 1개, 수건 걸이 1개, 지갑 등 놓을 후 있는 그물로 된 공간 1개, 야간에 사용할 수 있는 개인용 등 1곳 등이 설비되어 있었다. 2층에 올라갈 수 있는 계단 사다리가 양쪽에 한 개씩, 2층 침대 사용자가 집을 넣을 수 있는 공간 등. 각 차량의 좌우에는 화장실이 있다. 세면대, 변기, 거울, 휴지 등이 있다. 주요 도시 인근에서는 화장실을 잠구며, 첫 출발과 도착시에도 30분 정도 후에 화장실을 사용할 수 있다. 화장실 세면대를 효과적으로 이용하려면 물을 받을수 있는 골프공이 있으면 좋을 것 같다.

우리가 탄 열차는 서시베리아까지 가는 열차였다. 보통 블라디보스톡 하바롭스크만 왕래하는 오케얀이란 열차는 시설이 잘 되어 있다.

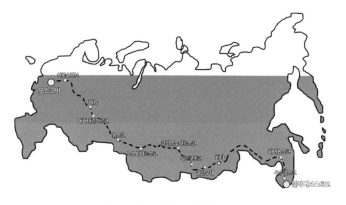
시베리아 횡단열차 노선도

시베리아 횡단열차를 타기 전 필자

시베리아 횡단열차와 차장

시베리아 횡단열차 선로

시베리아 횡단열차 노선도

시베리아 횡단열차 플랫폼

⋙ 아르세니예프 향토 박물관(연해 지방 주립 박물관)

스베틀란스카야 20번지. 아르세니예프 향토 박물관은 연해 지방의 주립박물관이다. 1884년 옛 시베리아 상업은행 건물에 건립되었다. '아르세니예프(Arsenyev)'는 연해 지방 일대를 서방세계에 알린 탐험가의 이름이다. 박물관에는 100년 이상 된 고고학, 지리학, 민속학 분야 등의 수집품들이 전시되어 있으며, 희귀한 고서들도 보관되어 있다.

박물관에서 발해관련지도, 불상 등 다양한 발굴 유적들이 다수 전시되어 우리의 눈길을 끌었다. 발해에 대한 것은 극동연방대학교 발해연구소 박물관에 이 지역에서 출토한 다양한 유물들이 다량 소장되어 있다.

홈페이지: http://www.arseniev.org

⋙ 율브리너 생가지[Yul Brynner] 1920. 7. 11~1985. 10. 10

알레우스카야 15번지 인근. 아르세니예프 향토박물관 근처에 있다. 율브리너는 러시아 블라디보스토크 출신의 미국 배우로 본명은 타이제 칸(Taidje Khan)이다. 러시아의 블라디보스토크에서 몽골의 광산 기사와 루마니아 집시 사이에 태어났다. 13세 때 나이트클럽에서 발라드를 불렀으며 그 후 프랑스에서 서커스 곡예사로 활동하던 중 사고를 당하여 곡예

율브리너

사 활동을 중단하고 1940년대 초 유랑극단의 배우가 되었다.

1946년 《류트 송 Lute Song》에서 동양의 왕자역을 맡아 성공을 거두었으며 1948년부터 1951년까지 텔레비전 디렉터로 활동하다가 1951년 브로드웨이에 진출하여 뮤지컬 《왕과 나 The King and I》에서 주역을 맡아 크게 성공했다. 이 연기로 토니상을 수상했고 공연 횟수는 자그마치 1,246회에 이른다.

영화《왕과 나》(1956)에도 주연으로 출연하여 매력적이면서도 약점이 있는 전제군주의 역할을 훌륭히 연기하여 커크 더글러스(Kirk Douglas)와 제임스 딘(James Dean) 등과 경합한 그해 아카데미상 시상식에서 남우주연상을 수상했다. 이후 왕의 역을 하기 위해 삭발한 머리를 자신의 트레이드마크로 삼았다.

그밖에 주요 출연작으로 《십계 The Ten Commandments》(1956), 《아나스타샤 Anastasia》(1956),《카라마조프의 형제들 The Brothers Karamazov》(1958),《황야의 7인 The Magnificent Seven》(1960),《타라스불바 Taras Bulba》(1962) 등이 있다.

⋯ 굼백화점

스베틀란스카야 35번지. 건축가 G.Junghendel이 디자인하였다. 독일 바로크의 전통이 반영되어 있다. 블라디보스토크 스베틀란스카야(Svetlanskaya)거리에 위치해 있으며, 오늘날 가장 훌륭한 도시 상업건축물 중의 하나로 블라디보스토크의 대표 유적이다. 독일 기업가 쿤스트와 알베르스가 함께 지은 '쿤스트와 알베르스 무역관(the Kunst and

Albers Trading House)'으로, 과거 목재건축물이었으나 오늘날 복층 구조의 석조건축물로 복원되어 백화점으로 사용되고 있다.많은 요소들이 바로크 양식인 이 건물의 건축양식은 매우 뛰어난 것으로 평가받고 있다. 러시아 혁명 이후 국영화되었고, 1934년 이후부터 백화점으로 사용되었다.

ᐧᐧᐧ》블라디보스토크 개선문

빼뜨라 베리코보 8번지 앞. 1891년 11월 5일 러시아 마지막 황제 니콜라이(Nikolai) 2세의 블라디보스토크 방문을 기념하기 위해 건립되었으며, 블라디보스토크의 대표유적이다. 니콜라이 황제는 오랜 전통에 따라 왕위계승 전 여러 러시아 도시들과 세계를 여행하였고, 그가 방문했던 블라디보스토크에서 상트페테르부르크(Saint-Petersburg)에 이르는 러시아의 모든 도시에 동일한 개선문을 건축하였다. 구 소련 정부에 의해 1927년-1930년 사이 차르(czar)통치기간 동안의 많은 유적들과 더불어 파괴되었다가, 2003년 니콜라이 2세의 135주년을 기념하면서 복원되었다.

ᐧᐧᐧ》세르게이 라조동상

스베틀란스카야 51번지 근처. 세르게이 라조(1894-1920)는 러시아혁명기 한인들과 더불어 혁명운동을 전개한 대표적인 혁명가이다. 라조의 동상은 스베틀란거리에 위치하고 있으며, 개선문 맞

은편에 위치하고 있다. 연해주 바닷가에 그의 이름을 딴 라조시가 있으며, 그곳에 그를 기념하는 박물관이 있다.

⚬》 운테르베르게르(1842-1921) 총독관저

스베틀란스카야 52번지. 개선문 근처에 구한말 연해주를 지배한 운테르베르게르 총독관저가 있다. 지금은 레스토랑으로 이용되고 있다. 한인의 극동이주를 반대하고 탄압한 대표적인 총독이다.

⚬》 잠수함 박물관

개선문 인근. 잠수함 박물관은 러시아(구소련) 해군의 제2차 세계대전 당시 태평양전쟁의 승리를 기념하기 위해 1982년 블라디보스토크 상선항(Marine Port) 앞에 설립되었다. 조각가 네나지빈(Nenazhivin)과 건축가 산도크(Sandok)가 이 박물관을 디자인했다. 박물관 중앙에는 제2차 세계대전 당시 태평양과 대서양 전선에서 큰 전과를 거둔 C-56 잠수함 1대가 전시되어 있다. 선실, 기관실, 조타실 등 잠수함의 내부 관람을 통하여 당시 러시아 태평양함대의 앞선 군사과학기술을 이해할 수 있다. 당시 잠수함 함장이었던 시체드린(Shchedrin)은 소련의 '작은 영웅'으로 칭송된다. 잠수함 뒷면에는 러시아 해군의 제2차 세계대전 참전기념비와 '영원의 불(꺼지지 않는 불)'전시가 이루어지고 있다.

2부

발해와 최재형의 땅
우수리스크

우수리스크 삼일문(1923)_김병학제공

1919년 3월 17일 우수리스크에서 러시아지역 최초로 만세운동이 전개
되었다. 1923년 3월 1일 우수리스크에서는 독립문을 세우고 3·1운동을

기념하는 행사를 하였다. 위 사진은 당시 3·1운동 기념행사 사진으로 태극기와 더불어 붉은 적기가 함께 게양되어 있어 당시 시대상을 잘 반영해주고 있다.

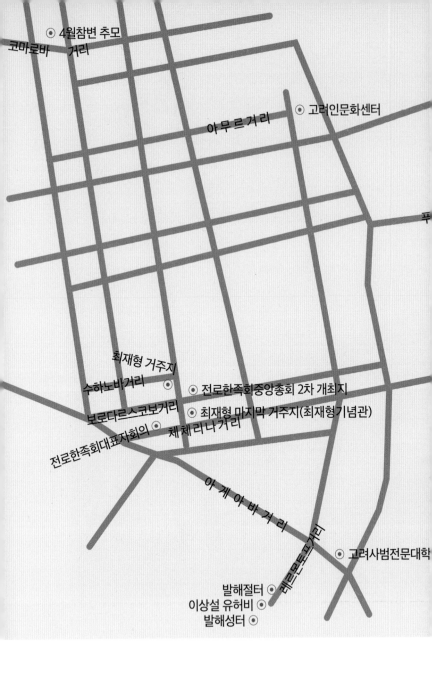

◉ 4월참변 추모
코마로바   거리

아무르거리

◉ 고려인문화센터

푸

최재형 거주지
수하노바거리   ◉
                    ◉ 전로한족회중앙총회 2차 개최지
보로다르스코보거리
                    ◉ 최재형 마지막 거주지(최재형기념관)
전로한족회대표자회의 체체리나거리

아 게 아 바 거 리

레   ◉ 고려사범전문대학
닌
부
두
거
리

발해절터 ◉
이상설 유허비 ◉
발해성터 ◉

우수리스크

○ **우수리스크 답사**

우수리스크 고려사범전문대학 ⋯ 이상설 유허비 ⋯ 발해 성터와 발해 절터 ⋯ 발해의 첫 발굴자 산운 장도빈 기념비(설립당시 위치) ⋯ 최재형 기념관, 기념비 ⋯ 전로한족중앙총회 2차회의 개최지 ⋯ 우수리스크역 ⋯ 4월참변 추도비 ⋯ 고려인문화센터, 홍범도·안중근·류인석 기념비 ⋯ 쁘질로프카(육성촌)

러시아지역 최초로 만세운동이 전개된 우수리스크

　우수리스크는 1935년까지는 니콜스크-우스리스크로, 1935년부터 1957년까지는 보로시로브로 그리고 그 이후 오늘날까지는 우스리스크로 불리는 곳이다. 블라디보스토크에서 북쪽으로 112km 떨어진 곳으로 과거 발해의 5경 12부 중의 한 부가 있었다.

발해가 멸망한 후 중국의 영토가 되었다가 1860년 북경조약의 체결로 러시아 영토가 되자 점차 한국인의 이주가 시작되었다.

　1870년 지신허로 이주해 온 조선인들 가운데 96명이 청나라 배 3척을 나누어 타고 추풍으로 향하다 블라디보스토크에 이르러 암초에 부딪혔다. 22명이 사망하고 생존자들은 하루에 10 여 리를 걸어 8일만에 이곳에 도착하였다. 그들은 과거 러시아 병사들이 지냈던 토굴에서 거주하며 이 지역 개척을 시작하였다고 한다.

그 후 많은 조선인들이 거주하기 시작하였으며, 항일독립운동의 주요 거점이 되기도 하였다. 1917년 5월 한족의 제1차 대표자 대회가 이곳에서 개최되어 전로한족회가 조직되었으며, 『청구신보』도 이곳에서 간행되었다. 그리고 전로한족회 제2차 총회 역시 이곳에서 개최되었다.

우수리스크 고려사범전문대학

우수리스크로가는 길목마다 수많은 언덕과 산이 있어 한국의
땅을 연상케 하였다. 2시간 남짓 달려 우수리스크에 도착한 우리
일행은 우선 아게에바거리 75번지 고려사범전문학교가 있던 곳
으로 향하였다. 이 학교는 1917년 고려족 중앙총회에서 4만 루블
이라는 거금을 들여 지은 학교이다. 이 학교를 졸업하면 7년 동
안 공부하는 학교의 교사 자격증을 획득할 수 있었다. 이 학교 교
사로 여러 인물이 활동하였지만 알려진 인물로는 조명희를 들 수
있는데 문학을 담당하였다.

졸업생으로는 오순희, 박
장애, 주송학 등을 들 수 있
다. 고려사범전문학교는 아
게에바 거리에 위치하고 있
었으며 문화학교로 이용되고 있다.

당시 학생들의 모습

이상설 유허비

이상설

　우리 일행은 먼저 우수리스크로 향했다. 우수리스크 초입에서 아게에바 거리를 지나 우쩨스노예 마을로 가는 길 수이푼강 근처에 이상설 선생 기념비가 있기 때문이었다. 이상설 선생 기념비 건립과 필자는 깊은 인연이 있다.

　수이푼 강변의 넓은 벌판을 바라보며 새롭게 조성된 주변과 기념비를 바라보니 울컥 눈물이 나올 지경이었다. 1917년 우수리스크에서 독립된 조국을 보지 못하고 시신을 화장해 수이푼 강에 뿌려 달라고 했던 이상설 선생의 애통하고 비통한 마음을 느낄 수 있는 듯했다.

　이상설 선생은 간도 용정에 민족학교인 서전서숙을 설립한 인물이며, 1907년 네덜란드 헤이그에서 개최된 제2회 만국평화회의에 이준, 이위종 등과 함께 고종의 특사로 파견된 애국지사이다. 또한 그는 러시아지역의 대표적인 독립운동단체인 성명회, 13도의군, 권업회 등에서 중심적인 역할을 하였다.

　이처럼 독립운동에 헌신한 이상설은 조국의 광복을 보지 못하고 1917년 3월 2일 48세의 나이로 천추의 한을 품은 채 우수리스크에서 작고하였다. 임종이 가까워지자 그는,

> 동지들은 합심하여 조국광복을 기필코 이룩하라. 나는 광복을 못보고 이 세상을 떠나니 어찌 고혼인들 조국에 돌아갈 수 있으랴. 내 몸과 유품은 남김없이 불태우고 그 재도 바다에 버리고, 제사도 지내지 말라.

　라는 서릿발 같은 유언을 남겼다. 임종을 지킨 이동녕과 백순,

조완구, 이민복 등은 그의 유언을 쫓아 수이푼강에서 화장하여 재를 강물에 뿌렸다. 그 강물은 블라디보스토크의 아무르만으로 흘러 조수를 따라 동해에 다다라 조국강산으로 파도치는 것이다. 이때 그의 문고(文藁)와 유품도 거두어 불살랐다.

그와 가까웠던 동지들은 물론 모든 한인들은 그의 죽음을 슬퍼하였다. 미국에서 간행된 『신한민보』는 다음과 같은 글을 실어 그를 추도하였다.

시베리아의 바람이 급하고 오소리강의 물결이 목매치니, 오호라 우리 공(이상설)이 길이 갔도다. 만리사절이 바다를 건널 때는 천년국장이 땅에 떨어진 날이라. 성패야 어찌 논하리요. 충의를 깊이 공경하노라. 공은 몸을 버렸거늘 우리는 몸을 보존하였으니 한 줌에 차는 눈물이 실로 공을 위로함이 아니오. 스스로 슬퍼함이로다. 지금 반도(本國)에 명월(明月)이 달렸나니 공의 영혼이 항상 임하소서.

그의 시신이 화장되어 뿌려진 수이푼강 가에 세워진 선생의 유허비에는 한글과 러시아어로 다음과 같은 글이 기록되어 있다.

이상설 선생 유허지

보재 이상설 선생은 1870년 한국 충청북도 진천에서 탄생하여 1917년 연해주 우수리스크에서 서거한 한국독립운동의 지도자이다. 1907년 7월에는 광무 황제의 밀지를 받고 헤이그 만국평화 회의에 이준 이위종 등을 대동하고 사행하여 한국독립을 주장하다. 이어 연해주에서 성명회와 권업회를 조직하여 조국독립운동에 헌신 중 순국하다. 그 유언에 따라 화장하고 그 재를 이곳 수이푼 강물에 뿌리다. 광복회와 고려학술문화재단은 2001년 10월 18일 러시아정부의 협조를 얻어 이 비를 세우다.

이상설 유허비

이 기념비는 우리나라 길가의 이정표를 Local Image로 하여 선비의 정심에 걸맞게 선(禪)적인 모양을 갖추었는데, 3.9m×5.7m 화강석 바닥에 1.4m×1.4m×0.3m의 바탕을 두고 0.9m×0.9m의 하단과 0.6m×0.6m 상단 기둥을 국내산 화강석으로 3m 높이로 세웠다.

비문은 인하대 윤병석 교수가 작성하였으며, 비는 작가 이경순이 한 것으로 알고 있다.

기념비 제막식에 앞서 이곳을 방문한 우리 일행은 숙연한 마음으로 묵념을 올리며 선생의 항일운동 숭고한 정신을 기리었다.

2001년 10월 18일 개최된 기념비 제막식에는 한국의 광복회 회원들과 이준화 총영사, 김세웅 영사 등 영사관 식구들, 김창수 교수, 윤병석 교수, 유준기 교수 등 다수의 한국의 학자들과 국가보훈처의 황인환 국장, 송권면 서기관 등 관계자, 러시아 지역 고려인 및 교민들 그리고 현지 한국통신 연해징 사장 등 회사 지사장들이 참여한 가운데 성대하게 베풀어졌다. 이 자리에서 블라디보스토크 고합 지사장인 유영대 부장과 조경제 씨, 그리고 필자가 광복회로부터 비석설립에 기여한 공로로 감사패를 수여 받았다.

발해 성터와 발해 절터

발해 성터

이상설 유허비가 있는 곳을 지나 수이푼강을 건너니 크라스노야르 마을이 나타났다. 이곳의 크라스노야르성은 절벽을 방어시설로, 강을 자연 해자로 이용한 산성이다. 성안은 허허벌판처럼 넓다. 성의 기본 평면은 반월형 형태를 하고 있으며, 강에 보이는 산성의 외형은 대동강을 낀 평양성과 백마강을 낀 부여성을 연상시킨다. 내성, 외성, 동암성 등 세 구역으로 이루어졌다. 외성은 전체 길이가 8km 이상이 되며, 성의 외벽은 일부 2~3중으로 되어 있다. 성벽 높이는 3~5m정도이다.1950년대 조사에서 내성 내부에서 100여 개의 주춧돌이 확인되어 대규모의 목조건물지가 있었던 곳으로 확인되었다. 내성 주위에는 지금도 호를 돌렸던 흔적이 남아 있다.

장도빈 선생이 1910년대에 발해의 동경성 자리로 추정하였던 곳이 위치로 보아 크라스노야르 성인 것 같다. 현재까지 이곳에서 발견된 유물 중 발해시대로 추정되는 것은 없어 금대의 성으로 추정되어 왔다. 그러나 1995년에 극동고고학 연구소에서 발굴한 성 내부의 경사면에 위치한 집 자리에서는 주거지의 외벽을 돌아가는 온돌구조가 발굴되었고, 12세기 송, 원대의 도자기 편과 청동제품과 함께 9세기의 당백자 편(唐白磁片)도 출토되어 발해시대 문화층 존재가능성이 확인되었다. 1995년도 발굴에 참여하였던 러시아학자들이 당백자 편의 출토를 근거로 최근 발해 문화층의 존재를 강조하고 있다.

성안에는 넓은 공터가 자리잡고 있어 당시 이 성의 크기와 규모를 짐작해 볼 수 있었다. 성위에서 멀리 우수리스크의 전체 모습을 살펴볼 수 있었다. 성밖으로는 아직 토성이 남아 있었다.

수이푼강

성밖에 흐르는 수이푼강은 해자로서 적의 침입을 방지하기 위한 보호시설물이라고 할 수 있다. 이 수이푼 강을 끼고 있는 성을 중심으로 926년 거란군사와 발해군사들 사이에 치열한 전투가 벌어졌다. 이때 발해군사들은 최후의 1인까지 투쟁하다 산화하였다. 발해군사들의 어머니들과 아낙들은 자식과 남편의 죽음을 애통해 하며 통곡하였다고 한다. 이 때문에 러시아에는 오늘날까지 이 강을 슬픈강, 수이푼강이라고 부르고 있다는 전설이 전해지고 있다.

발해 절터 주춧돌

우리 일행은 우수리스크 시내로 향하였다. 1916년 일제의 압제를 피하여 이곳에 망명하였던 역사학자 장도빈 선생은 성벽, 해자, 절터, 산성 등의 발해유적이 집중되어 있어 우수리스크를 발해의 동경터로 비정한 바 있다. 두 성의 거리는 1km정도 떨어져 있었는데, 서성(西城)은 금나라 때에 축조되었고, 남성(南城) 즉 유즈노 우수리스크 성은 발해 때에 축조되어 금나라 때까지 사용되었던 것으로 추정되고 있다. 남성의 연대는 8-13세기 전반으로 추측되고 있다.

현재 이 두 성은 시가지로 편입되어 서성은 완전히 사라진 상태이고, 남성은 절터와 성벽 일부가 남아 있을 뿐이다. 이 성은 발해 15부의 하나로 말의 특산지였던 솔빈부(率賓府)의 소재지로 여겨지고 있다. 이곳을 흐르고 있는 라즈돌니노예강이 과거에는 수이푼(중국의 綏芬河)강으로 불렸는데, 이것은 솔빈에서 나온 발음으로 여겨지고 있다.

발해 절터

남성터 남쪽에 있는 공원 안에는 절터가 있다. 1954년 자벨리나가 이곳을 발굴하여 발해시대로 추정하였으나 현재는 12-13세기 절터로 보고 있다. 현장에는 정교하게 잘 다듬어진 두 개의 현무암 주춧돌이 남았고, 주춧돌 부근에는 약간 솟아 오른 언덕이 있는데 러시아 학자들은 이곳을 본존자리였을 것으로 추정하고 있다. 이곳에 대한 체계적인 발굴이 이루어진다면 우수리스크 절터에 대한 보다 정확한 정보를 얻을 수 있을 것으로 기대된다.

우리 일행은 발해 절터가 있는 곳으로 향하였다. 그곳에는 4-5개의 커다란 현무암으로 이루어진 주춧돌이 남아 있어 발해의 절터였음을 입증해 주고 있었다. 그러나 지금은 공원으로숲으로 이루어진 이곳에는 많은 나무들이 들어서 있었다.이곳에 군사전 문학교가 있었으나 지금은 딴 곳으로 옮겼다.

발해의 첫 발굴자 산운 장도빈 기념비

장도빈의 기념비는 현재 티미랴제바 33번지 우수리스크 극동 연방대 교정에 위치해 있다. 비문은 필자가 초고를 작성하는 기 회를 가졌다. 비문의 내용은 다음과 같다.

산운 장도빈선생 기념비

산운 장도빈(1888 - 1963)선생의 발해(698 - 926)유적 연구 100주 년을 기념하여 연해주 중세기의 고고학적 기념물 지역인 〈남우수리스 크 고도〉에 이 기념비를 세운다. 장도빈은 구한말 대한매일신보 주필 로 1911년 러시아 연해주로 망명, 블라디보스톡 권업신문의 주필로 서 일본의 강점으로부터 한국의 해방을 위한 운동을 전개하였다. 사학 자이자, 사화평론가, 교육자였던 선생은 1912년 10월 우수리스크 부 근에서 한국인 처음으로 고대건물 주춧돌을 조사하고 이것이 발해절터 의 유적임을 추정하였다.

고려학술문화재단(설립자 장치혁) 대표단은 선생의 유지에 따라 1992년 6월 우수리스크를 방문하여 선생께서 답사하신 역사적 기념 물을 탐방하였다. 2005년에 극동국립대학교와 고려학술문화재단이 공동으로 발해연구소를 설립하여 연해주 일대의 발해유적 및 고고학적 기념물 조서에 큰 성과를 거두고 있다.

2012.10.09
러시아연방 극동대학교
대한민국 고려학술문화재단

우수리스크가 발해와 밀접한 관련이 있다
는 사실은 1910년대 이 지역을 최초 답사한 산
운 장도빈에 의해서이다. 산운 장도빈(1888.-
1963)은 평남 중화 사람이다. 1908년 대한매
일신보의 주필로 취임하여 "일인하지(日人何知)"

산운 장도빈

"금일대한국민의 목적지(今日大韓國民의 目的地)" "민족경쟁의 최후승
리(民族競爭의 最後勝利)"등의 논설을 1910년까지 게재하며 애국계몽
운동에 앞장섰으며 안창호, 전덕기, 이동휘 등이 조직한 신민회에
가입하여 국권회복운동에 주력하였다.

1910년 오성학교 교감으로 재직하였으며 소위 '105인 사건'에
연루되자 노령 신한촌으로 망명하여 권업신문에 기고하는 등 계
몽활동을 하였고, 1917년에는 오산학교의 한국사 교사로 재직하
였다고 한다.

1919년 3·1독립운동이 일어난 후 한성도서주식회사를 설립하
고『서울』『학생계』『조선지광』등을 간행하였다. 또 1920년부터
국사연구를 통한 구국운동을 추진하기 위하여 1937년까지『조선
위인전』『조선역사요령』『조선역사대전』『조선사상사』등 30여종
의 역사서를 간행하였다. 그는 1922년 조선공제조합 감사, 조선청
년연합회집행위원, 민립대학설립 집행위원 등으로 활동하였으며
1932년 동아일보에 66회에 걸쳐 '조선사'를 집필 연재하여 민족
의식을 일깨우는데 기여하였다. 1940년 일제의 감시를 피하여 평
북 영변·평남 상원 등으로 은신하며 광복 때까지 저술사업에 주
력하였다.

발해 절터 장도빈 기념비

극동연방대학교 장도빈 기념비

 2012년 10월 15일 산운 장도빈선생 기념비가 발해절터에 세워졌다. 필자도 고려학술문화재단으로부터 비문제작 등의 공로로 감사패를 수여받았다. 현재 기념비는 우수리스크 티미랴제바 33번지 극동연방대로 이전되었다.

최재형기념관, 기념비

필자가 최초로 발굴하고 연구한 독립운동가 최재형이 4월 참변 당시 체포되어 갔던 마지막 거주지로 우수리스크는 의병운동을 활발히 지원했던 최재형 등이 총살당한 곳으로도 유명하다. 1920년 4월 4일 밤부터 5일 새벽, 연해주 지방과 연흑룡강 지방에 주둔한 일본군이 예기치 않게 극동공화국을 기습했다. 일본인들은 24시간 동안 블라디보스토크, 니콜스크 우수리스크, 스파스크, 하바롭스크, 쉬코토보, 포시에트, 기타 연해주 지방 지역에서 군사행동을 개시했는데 사전 계획에 따라 수행된 것이었다.

동의회 총재 최재형

이때에 니콜스크 우수리스크에서 연해주 지방과 연흑룡강 지방 노동자들의 회의가 열리고 있었다. 일본군은 이 도시를 점령하자 회의에 참석한 많은 대표위원들을 체포 살해했다. 체포된 사람들 중에는 한인무장 유격대 대표위원들인 최재형, 김이직(당시 북문 10호 거주), 엄주필, 카피톤 황, 이경수 등이 있었다. 그 다음날 일본인들은 최재형, 김이직 등을 모두 총살시켰다. 우리는 이들의 묘소를 찾아보려고 하였으나 묘소를 아는 사람이 없었다. 다만 최재형이 말년에 살던 집만이 알려져 있을 뿐이다.

수하노바 32번지

수하노바 집

첫 번째집은 우수리스크시 수하노바 32번지이며, 두번째집은 우수리스크시 보로다르스카야 38번지이다. 두 번째 집은 4월 참변 당시 일본군에게 체포될 때까지 거주하였던 집으로 당시의 집 건물이 그대로 남아 있다. 이곳에 2010년 한러수교 20주년을 맞이하여 다음과 같은 동판이 부착되었다.

최재형의 집

이 집은 연해주의 대표적인 항일운동가이며 전로한족중앙총회 명예회장으로 활동하였던 최재형선생이 1919년부터 1920년 4월 일본헌병대에 의해 학살되기 전까지 거주하였던 곳이다.

최재형 고택(필자가 전시 기획 및 자문, 자료제공)

최재형과 김이직의 항일운동을 보면 다음과 같다.

최재형의 러시아 이름은 최 표트르 세메노비치이다. 그는 함경북도 경원의 노비출신으로서 1860년대에 경제적인 이유로 러시아 연해주로 도주하여 1880년대 러시아에 귀화한 뒤, 그 지역의 도헌(都憲) 및 자산가로 성장하여 재러 한인사회를 이끈 대표적인 지도자였으며, 러시아 당국으로부터 가장 신망 받는 친러 인사였다. 그는 1905년 이후 적극적으로 항일투쟁에 참여하여 1920년에 시베리아에 출병한 일본군에게 처형될 때까지 독립운동을 전개하였다.

1900년대에는 러시아지역의 가장 대표적인 의병조직인 동의회의 총재로서 뿐만 아니라, 블라디보스토크에서 발행된 민족 언론인 대동공보와 대양보의 사장으로서 활약하였다. 1910년대 초반에는 권업회의 총재, 1919년 3·1운동 이후에는 대한국민의회의 명예회장으로 활약하는 등 1900년대부터 1920년까지 러시아지역에서 조직된 주요 단체의 책임자로 일하였다. 그 결과 3·1운동 이후 상해에서 성립된 대한민국임시정부의 초대 재무총장에 임명되기도 했다.

최재형 재무총장 관련 임시정부 자료

김이직은 평남 용강사람
으로 1905년 을사조약이
늑결되자 비통함을 이기지
못하고 노령 연해주 니코
리스크로 망명하여 최재형
등과 함께 독립운동에 헌신
하였다. 특히 그는 자신의
자산을 모두 독립운동에 바
치는 한편 '니코리스크'(재
류한인민단)의 초대단장으
로 활약하였다.

최재형과 형

1919년 5월 5일의 일본정부특파원 국지의랑(菊池義郎)의 보고에
의하면 그는 재노령국민회의 상설위원으로 일하였다고 한다. 동
년 9월 '니코리스크' 지방의 부락에 전염병이 유행하자 엄주필 등
과 함께 임시위생회를 조직하여 동포의 보건에 힘을 기울이는 한
편 일본군 수비대를 공격하려고 엄주필·최재형 등과 사전준비를
하기도 하였다. 또한 블라디보스토크에서 노인단 조직에 참여하
여 강우규의사의 재등실(齋藤實) 총독 제거 계획을 돕기도 하였다.

최재형 기념비

최재형 체포장면(추정)

전로한족중앙총회 2차회의 개최지

전로한족중앙총회는 1917년 러시아혁명이후 전러시아 한인을 대표하는 기관이어서 역사적 의미가 크다고 생각된다. 『청구신보』는 고려족중앙총회의 기관지로서 조완구, 윤해 등이 주필로 일했다. 전로한족회중앙총회는 1919년 2월 25일 연해주의 우수리스크에서 전로국내조선인회의를 개최하였다. 이어 1918년 6월 제2회 전로한족중앙총회가 개최되었다. 우수리스크시 막심고리끼거리 20번지이다.

129명이 참가한 이 대회에서 귀화인, 비귀화인 간에 의견 대립이 있었다. 당시 이 건물은 니콜스크 우수리스크 실업학교였다고 한다. 2010년 한러수교20주년을 맞이하여 다음과

같은 안내문을 설치하였다.

> "이 건물은 1918년 6월 13일부터 23일까지 제2회 특별전로한족대
> 표회의가 개최되어 민족의 자치와 항일독립운동을 추진하고자 전로한
> 족중앙총회를 결성한 장소이다. 1919년 3월 독립선언서를 발표하면
> 서 전로한족중앙총회는 최초로 임시정부를 선포한 대한국민의회로 확
> 대개편되었다."

우수리스크 역

우수리스크 역은 블라디보스토크역에서 출발하는 시베리아
철도가 이 도시에서 하바롭스크 방향으로 가는 철도와 중국의
하얼빈으로 가는 철도와의 교차점이었다. 그러므로 수많은 독립
운동가들이 이 역을 드나들었으며, 우수리스크에서는 각종 회의
가 개최되기도 하였다. 또한 1919년 3월 17일 러시아에서 최초로
만세운동이 전개되기도 하였던 것이다.

우수리스크역(1918)   우수리스크역(현재)

역사는 3층 건물이었으며 역 광장에는 레닌의 동상이 서 있었
다. 1937년 강제 이주 시 한국인들이 이 광장에 모여 이주 당했구
나 하고 생각하니 마음이 저려왔다.

4월참변 추도비

수이푼 강 근처에는 러시아정부에서 세운 4월 참변 추도비가 있다. 이 비는 1920년 4월 4일부터 5일까지 일본군의 습격을 받아 순국한 240명의 러시아인과 한인들을 추도하기 위하여 만든 비석이라고 한다. 이 비에는 "승리를 위하여 수많은 사람이 죽었다. 이들의 업적은 영원하리라. 여기에는 1920년 4월 4일-5일간 연해주에서 소비에트 권력을 위한 투쟁에서 간섭자들과의 전투에서 수적인 열세상태에서 240명의 빨치산이 산화한 장소"라고 되어 있었다. 이역만리에서 일본군과 전투를 벌이다 순국한 한인들과 러시아인들을 위한 묘비가 돌보는 사람 없이 우수리스크 교외에 쓸쓸히 서있는 모습을 보니 새삼스럽게 안타깝고 아쉬운 생각이 들었다.

4월 참변시 희생된 한인들(스파스크)

① 4월 참변 희생자 장례식 1
② 4월 참변 시 수거한 무기들
③ 4월 참변 희생자 장례식 2
④ 4월 참변 기사
⑤ 블라디보스토크의 한인 학살한 일본군
   (1920. 4)
⑥ 4월 참변(1920. 4. 5 스파스크)

쁘질로프카(육성촌)

우스리스크에서는 30여km, 울리또프카에서는 자동차로 10분 정도 거리에 쁘질로프카(육성촌) 마을이 있었다. 한인들을 많이 도와준 러시아인 쁘질로프카 이름을 따 마을 이름을 쁘질로프카라고 하였다고 전해진다. 특히 이곳은 재소한인 문학의 아버지로 불리우는 조명희 선생이 망명 후 처음 와 있던 곳으로 널리 알려져 있다.

쁘질로프카 마을

1931년 봄 조명희는 부인과 함께 우수리스크시로 왔다. 그는 육성농민청년학교 교사로 일하였는데, 그 학교에서는 학생들이 모두 학비를 받았고, 학생 중에는 스무살이 넘는 사람도 많았다. 육성농민학교 졸업생으로는 한무(북한 해군 참모차장), 강상호(내무차관, 현재 뻬쩨르부르크 거주), 김영남(군장성), 김 미하일(군장성), 강상운(우즈베키스탄의 노동영웅), 박일(카자크 대학 교수 퇴임), 한 아나똘리(시인) 등이 널리 알려져 있다.

육성촌 시가　　　　　　　육성농민학교

　특히 이곳 육성촌은 1919년 3·1운동이후 대한국민의회에서 중심적인 역할을 한 문창범과 깊은 관계를 갖고 있다. 이곳의 학교와 교회가 모두 그의 힘으로 지어 진 곳이다.

　육성촌 인근 언덕에는 한인들의 묘지가 아직도 남아 있다. 곳곳에 흩어져 있는 한인들의 묘지석을 바라보면, 당시 한인들의 모습이 떠오른다. 농사지으며 독립운동 지원에 열성적이었던 그들의 모습에 새삼 고마운 마음에 고개 숙여진다.

한인묘지석　　　　　　　　맷돌

　쁘질로프카 마을에 들어서면 마을우측에 폐허화된 붉은 색벽돌 건물이 있다. 이곳이 바로 조명희가 교사가 되어 학생들에게 시를 읽어주며 민족의식을 고취하였던 육성농민학교이다. 지금도 시 낭독소리와 학생들의 재잘거리는 소리가 들리는 듯하다.

쁘질로프카에 새로 지은 학교

한인들의 자취는 맞은편에 새로 지어진 학교 운동장과 교사 1층안에 박물관에서 자취를 볼 수 있다. 학교 운동장 한 귀퉁이에는 한인들이 사용하던 맷돌들이 널려져 있다. 아울러 학교 박물관에는 당시를 살았던 사람들이 기증한 사진, 옷, 등 다양한 물품들이 전시되어 있어 당시를 기억하게 한다.

한인들의 흔적

고려인문화센터, 홍범도·안중근·류인석기념비

고려인들을 위한 문화공간이다. 1층에는 고려인민속관이 있다. 한국의 민속박물관에서 새로이 만들었는데, 필자가 자료를 제공하였다. 1층에는 민속춤 실습실이, 문화센터 2층에는 이 지역에서 간행되는 고려신문 사무실도 있다. 바깥에 있는 건물에서는 태권도 등 각종 스포츠를 즐길 수 있다. 구내에 새로이 만들어진 홍범도, 안중근, 류인석기념비가 있다.

고려인센터 외부

고려인센터 내부

홍범도 기념비   안중근 기념비   류인석 기념비

문창범은 1917년 러시아혁
명 이후 연해주지역의 대표
적인 지도자로서 중요한 위
치에 오르게 된다. 그는 니
코리스크에 기반을 두고 귀
화 비귀화인 등 모든 한인들
의 신임을 받고 있는 인물이
었다. 그러므로 전로한족회

대한국민의회 의장 문창범

중앙총회 회장에 이어 대한국민의회 의장에 선출되기에 이른것이다.
이로써 문창범은 명실공히 러시아지역 한인을 대표하는 인물로 부상
하였다.

문창범은 러시아혁명 후인 1917년 8월 볼셰비키와의 타협을 주장한 바
있다. 그리고 일본군의 시베리아 출병이 임박한 시점인 1918년 7월에
는 이동휘 등 한인사회당 세력과 제휴하여 볼셰비키 세력의 지원을 받
는 의용대 조직을 추진한 적도 있었다. 또한 문창범은 전로국내조선인
회의의 결의에 따라 선전부장인 이동휘를 중심으로 추진하게 된 독립
군양성을 위한 군자금 모금에도 진력하였다.

국내에서 3.1운동이 전개되자 러시아지역에서 1919년 3월 17일 오전
대한국민의회 의장 문창범은 우수리스크에서 독립선언서 발표식을 거
행하였다. 독립선언서는 회장 문창범, 부회장 김철훈, 서기 오창환의 명
의로 되어 있었다. 문창범은 특히 니코리스크 코르사코프카 거리에 있
는 동흥소학교에서 만세운동을 주도했다. 동일 오후에는 블라디보스토
크로 와서 독립선언과 시위운동을 지휘하였다.

오후 4시에는 신한촌 집집마다 태극기를 게양하였고, 대한국민의회 주
최로 2만여 명의 동포들이 참여한 가운데 독립선언식을 거행하였다.
해가 진 오후 6시부터는 문창범의 지휘로 청년, 학생들이 시내로 몰려
가 자동차 3대와 마차 2대에 분승하여 태극기를 흔들고 독립선언서를
뿌리며, 과감한 가두시위를 전개하였다. 이에 일본총영사는 러시아요
새사령관과 연해주 장관에게 문창범의 체포와 한인의 시위운동 금지
를 요구하였다.

문창범은 3.1운동 후 상하이에 임시정부가 수립되자 자신의 가까운 측근인 원세훈을 상하이에 파견하여, 상해임지정부와 대한국민의회의 통합을 시도하였고, 양측의 합의에 따라 1919년 8월 30일 대한국민의회

대한민국의회 러시아 3·1운동 선언서

의 해산결의를 선언하였다. 그 후 자신도 교통총장에 취임하고자 상하이에 갔으나, 상하이 임시정부 측이 해산치 않고 개조함에 머물렀기 때문에 입각을 거부하고 러시아령으로 돌아와 대한국민의회 조직을 재건 정비하여 유력한 반임시정부세력을 형성하였다.

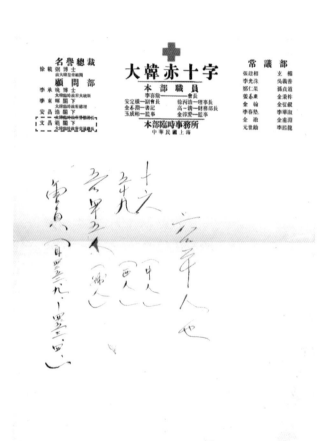

대한적십자사 고문 문창범

3부

안중근의 숨결 감도는
무장투쟁의 현장
크라스키노

중국

⊙ 상연추

크라스키노
연추하리 ⊙   ⊙
안중근 단지동맹비 ⊙

⊙
포시에트
(포시에

⊙ 핫산

두만강

북한

크라스키노 시내지도

상연추 ⊙

연추하리 ⊙

중국

크라스킨중위 추도비 ⊙

안중근 단지동맹비 ⊙

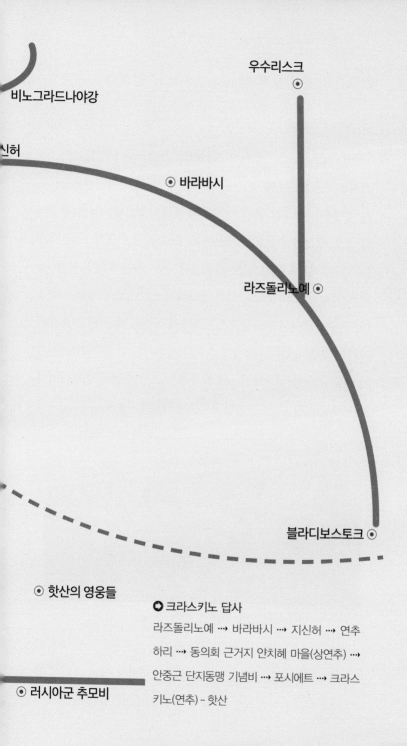

비노그라드나야강

우수리스크
⊙

신허

⊙ 바라바시

라즈돌리노예 ⊙

블라디보스토크 ⊙

⊙ 핫산의 영웅들

◐ 크라스키노 답사

라즈돌리노예 ···▶ 바라바시 ···▶ 지신허 ···▶ 연추
하리 ···▶ 동의회 근거지 안치혜 마을(상연추) ···▶
안중근 단지동맹 기념비 ···▶ 포시에트 ···▶ 크라스
키노(연추) – 핫산

⊙ 러시아군 추모비

안중근의 숨결을 따라 크라스키노로 향하다

라즈돌리노예

한인 최초의 이주 정착지 지신허와 안중근이 단지를 한 크라스키노, 두만강 등이 있는 중국과의 국경지역을 가기 위해서 우리 일행은 아침 일찍부터 서둘렀다. 블라디보스토크에서 약 4시간 정도 시간이 소요되기 때문이다. 1990년대 이곳을 다닐 때에는 도로가 대부분 피포장이라 6시간 정도 시간이 걸려 보통 새벽 6시 쯤 출발하여 밤 12시경 블라디보스토크로 돌아오곤 하였다. 때에 따라서는 블라디보스토크에서 국내선 배을 타고 슬라비얀카로 갔다가 거기서 다시 버스로 이동하기도 하였다. 참으로 가기 힘든 고난한 길들이었는데 최근에는 포장이 많이 이루어져 4시간 정도면 갈 수 있는 가까운? 길이 되었다.

라즈돌리노예 마을

블라디보스토크에서 1시간 정도 달리면 라즈돌리노예 마을이 나타난다. 이곳은 라즈돌니노예강 옆에 위치하고 있는 마을로 한국명으로 하마탕이란 곳인데, 많이 한인들이 거주한 곳이다.

라즈돌리노예 마을 입구

라즈돌리노예 강

1937년 이 지역 한인들이 라즈돌이노예역을 통해 9월 9일에 최초로 중앙아시아로 실려가기도 하였다고 한다. 정선아리랑박물관 관장인 진용선에 따르면, 2014년 당시 91세였던 이 안드레(신한촌 뻬르바야레치카역에서 9월 10일 오후 승차) 할아버지의 증언에 따르면 그렇디고 한다. 앞으로 보다 신중한 검토가 필요할 듯하다. 상식적으로는 신한촌에 있는 뻬르바야레치카역이나 블라디보스토크역이라고 생각되기 때문이다.

라즈돌리노예 역

라즈돌이노예에는 수많은 일본군 병영이 있었다. 이 지역을 중심으로 한인들이 독립운동을 많이 하였기 때문이다. 지금도 빨간 벽돌의 옛 병영들의 모습이 자주 눈에 띤다. 이 병영들은 1937년 중일전쟁이후 일본군의 공격을 피하여 러시아로 이동한 독립군들이 사용하였으며, 그 뒤에는 러시아군 병영으로 사용하였다. 최근에는 러시아군이 철수한 후에는 중앙아시아에서 이주해 온 고려인들이 일시 정착해 있기도 하였다.

일본군 병영

바라바시

라즈돌이노예로부터 크라스키노까지는 일직선으로 뻗은 비포장도로는 1900년대 항일운동의 대표적 인물인 최재형이 통역으로 지도하며 닦은 도로나 더욱 의미가 있는 것 같았다. 차로 2시간 정도 달리니 바라바시가 나타났다. 이곳에 휴식공간이 있으므로 모두 하차하였다. 바로 이곳 근처에서 류인석을 중심으로 한 13도 의군이 결성되었다. 그 중심지인 자피거우가 멀지 않은 곳이다.

바라바시 전경(1918)

바라바시

류인석은 1842년 1월 27일 강원도 춘천 남면 가정(柯亭)에서 태어났는데 가정리는 고흥 류씨 일족의 집성촌(集姓村)이었다. 14세 때 양평의 화서 이항로에게 글을 배웠는데 1868년 화서가 별세한 뒤 중암 김평묵과 종숙인 성재 류중교를 스승으로 모시며 위정척사운동에 직접 참여하게 되었다. 1907년 8월 정미7조약이

체결되고 군대 해산마저 당하자 1908년 7월 원산에서 해로로 연해주 블라디보스토크로 향하였다. 이때 그의 문인 50여 명이 수행하였다. 블라디보스토크에 도착한 류인석은 그곳에서 활약 중인 최재형·이범윤 등의 의병진을 방문 격려하고 이상설·안중근 등을 만나 해외에서의 무력항쟁의 기틀을 마련하였다. 그리고 그

류인석(영정)

들과 함께 관일약(貫一約)이란 의병규칙을 만들어 질서를 잡았다. 류인석은 바로 바라바시에서 1910년 6월 13도의군도총재로서 항일운동을 주도하였다.

바라바시 휴게소

지신허

바라바시를 지나 1시간 정도 달리면 비노그라드노예 강이 나온다. 이 주변이 한인 최초의 정착지인 지신허이다. 1863년 포시에트로 온 한인들이 농사를 지울수 있는 곳으로 이동한 곳이 바로 이곳 지신허인 것이다. 넓은 초원이 펼쳐져 있으나 지금은 아무도 농사를 짓지 않고 있는 허허 벌판이다. 이곳에서 가로 질러

가면 포시에트이다. 지신허에는 2004년 서태지가 세운 기념비가 있다. 개인사유지에 설립되어 있어 들어가 보지 못해 안타깝다. 지신허에서 20분 정도 크라시키노 방향으로 가면 좌측으로 포시에트 들어가는 길이 나온다. 그곳으로 10분정도가면 포시에트 항구와 포시에트 박물관이 나타난다.

지신허

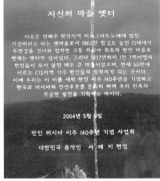

지신허 기념비

다시 크라스키노 방향으로 30분 정도 가면 크라스키노 시내가 나온다. 핫산 영웅들 기념비, 일본군과의 전투에서 희생한 군인들을 위한 전몰기념비, 동의회가 조직된 얀치혜 마을, 크라스킨 중위 등 기념비 등이 있다. 다시 핫산 방향으로 10분정도 이동하면 새로이 건립된 안중근의사의 단지동맹비가 위풍당당하게 서 있다.

연추 하리

아침 8시에 블라디보스토크를 출발한 우리일행은 지신허, 포시에트를 거쳐 약 300km떨어진 크라스키노에 1시반 경 도착하였다. 이곳을 한국인들은 연추라고 불렀으며, 러시아인들은 노우끼예프스크라고 불렀다. 그런데 1938년 일본군과의 전투에서 순국한 크라스킨 중위를 추도하기 위하여 크라스키노라고 명명하였다.

크라스키노에서 남으로 46km떨어진 곳에 두만강과 북한과 접경지역인 핫산이 있다. 핫산은 두만강 대안에 위치하고 있으며, 일본과 치열한 전투가 벌

장고봉전투 기념비

어졌던 장고봉전투지가 있는 곳이기도 하다. 핫산 역사에는 장고봉 전투 기념비가 서 있다. 중국 훈춘시 방천과는 2-3km정도 떨어져 있는 국경도시이다. 그러므로 이 지역은 1860년대 북경조약이래 북한, 중국과 접해 있는 러시아의 대표적인 군사지역이다. 그러므로 예전에는 연추에는 군대 병영이 많이 있었는데 현재에는 핫산에 주로 군영이 위치해 있다.

우리 일행은 크라스키노 시내에 있는 러시아 카페에서 점심 식사를 하였다. 식사는 주수, 보로쉬(러시아식 스푸), 돼지고기, 빵 , 야채 등이었다.

식당 옆에는 1945년 8월 9일-동년 9월 3일까지 일본군과의 전

투에서 희생된 658명의 러시아군 병사를 추모하는 비석이 서 있었다. 추모비 앞에는 꽃다발이 높여 있었다.

하연추(현 추카노보마을)

시내에서 중국방향에는 중국식 음식점과 숙소가 있었다. 더불어 새로이 지어지는 호텔이 있었다. 크라스키노에서 중국방향으로 5분 정도 차로 이동하니 츄카노프카 다리가 나왔고, 다리를 지나 5분 정도 안으로 들어가니 국경이므로 더 이상 갈 수 없다는 경고판이 나타났다. 이곳이 바로 연추 하리이다. 안중근 의사가 단지를 했던 바로 그곳이다.

연추하리일대 전경

연추 하리 부근에는 최재형의 집이 있었다. Bishop여사의 기행기에 이 지역과 집에 대한 묘사가 잘 나타나 있다.

지금은 농장으로 변한 이곳에, 1990년대 방문하였을 때에는 집터와 교회터의 흔적들이 남아 있었지만 지금은 찾을 길이 없다.

바다에서 본 연추

동의회 근거지 얀치혜 마을(상연추)

우리는 안중근이 1908년 4월 러시아지역 최초의 의병 조직인 동의회를 조직한 얀치혜로 향하였다. 그곳은 하얀치혜를 지나 새로이 만들어진 추카노프카 마을에서 위쪽으로 12km 떨어진 위치에 있었다. 길은 모두 망가지고 물웅덩이가 군데군데 있어 차의 운행에 큰 애로가 있었다. 추카노프카 마을에서 벗어나 계곡으로 들어갈수록 넓은 평야가 계속 펼쳐져 있었다. 바로 이러한 평야와 깊은 골짜기를 배경으로 상얀치혜 마을이 형성되었으며 의병 본부가 만들어졌구나 하는 탄성이 절로 나왔다. 그리고 그 뒤는 중국과의 국경인 산들로 이어졌다. 의병들은 이곳을 중심으로 국내진공 작전을 전개하였으며, 또한 만주지역의 의병들과 연계투쟁을 전개하였던 것이다.

길이 끊기는 곳의 좌측에 마을이 있던 흔적이 나타났다. 이곳이 바로 동의회가 조직되었던 상얀치혜인 것이다. 이곳에서 연자방아 등 한인들의 유적지들을 살펴볼 수 있었다.

기와

연자방아

안중근 단지동맹 기념비

크라스키노에서 핫산방향으로 자동차로 5분정도 이동하면 2011년 8월 새로이 단장한 안중근의 단지동맹 기념비가 나온다. 함께 왼쪽 손 약지를 단지한 11명의 동지들의 비장한 모습을 연상할 수 있다.

단지동맹비 현장에는 단지 당시를 상징하는 큰 비석과 안중근의 손이, 안중근을 기억하는 현재의 모습이. 안중근이 이등박문 죄악 15개조를 열거한 상징적 돌 15개가 설치되어 있다. 아울러 2001년 필자가 위치를 선정하였던 안중근 단지동맹비도 함께 전시되어 있다. 이 비석은 단자동맹 혁명동지들의 뚝뚝 떨어지는 핏방울을 형상화하였다.

단지 동맹 기념비 전경

안중근의사 손   단지 동맹 기념비

안중근은1909년 2월 7일(음)연추 근처 카리(下里) 김씨성을 가진 사람의 여관에서 동의단지회를 결성하였다. 안중근은 단지동맹 결성에 대하여 다음과 같이 자신의 자서전에서 언급하고있다.

이듬해(1909년) 기유(己酉) 연추 방면으로 돌아와, 동지 12인과 상의하되, '우리들이 전후에 전혀 아무일도 이루지 못했으니 남의 비웃음을 면하기 어려울 것이요. 뿐만 아니라 만일 특별한 단체가 없으면 어떤 일이고 간에 목적을 달성하기가 어려울 것인 즉, 오늘 우리들은 손가락을 끊어 맹서를 같이 지어 증거를 보인 다음에 , 마음과 몸을 하나로 묶어 나라를 위해

안중근 단지 혈서 엽서

몸을 바쳐, 기어이 목적을 달성하는 것이 어떻소" 하자, 모두가 그대로 따르겠다 하여, 마침내 열 두 사람이 각각 왼 편 손 약지(藥指)를 끊어, 그 피로서 태극기 앞면에 글자 넉자를 크게 씌ㅓ 대한독립이었다. 쓰기를 마치고, 대한독립만세를 일제히 세 번 부른 다음 하늘과 땅에 맹세하고 흩어졌다.

라고 하여 각기 무명지를 끊어 맹세한 후에 그 피로서 태극기에 대한독립 네 글자를 쓰는상황을 상세히 묘사하고 있다. 이때 안중근이 태극기에 쓴 "대한독립" 4글자는 『권업신문』 1914년 8월 23일자에 게재되어 있어 한인들의 민족의식 고취에 크게 기여하였다.

크라스키노에 세워진 단지동맹비에는 다음과 같이 의사의 애국정신을 기리고 있다.

단지동맹유지

1909년 2월 7일 안중근 의사를 비롯한 결사동지 김기룡 백규삼 황병길 조응순 강순기 강창두 정원주 박봉석 유치홍 김백춘 김천화 등 12인은 이곳 크라스키노 연주 하리마을에서 조국의 독립과 동양의 평화를 위하여 단지동맹하다. 이들은 태극기를 펼쳐놓고 왼손 무명지를 잘라 생동하는 선혈로 대한독립이라 쓰고 대한독립만세를 삼창하다.

광복회와 고려학술문화재단은 2001년 10월 19일 러시아정부의 협조를 얻어 이 비를 세우다.

포시에트

　포시에트는 조그마한 항구답지 않게 큰 배들도 정착해 있었다. 한국명 목허우인 이곳에 한인들이 처음으로 이동하지 않았던가. 그 목허우를 바라보는 필자의 감동은 몹시도 큰 것이었다.

포시에트 박물관

　우리는 우선 이곳에 있는 박물관을 관람하였다. 개인이 사비로 운영하는 박물관으로서 이곳에 한인들이 사용하던 호미, 쟁기, 맷돌 등 다양한 유품들이 남아 있었다. 1904년 당시의 항구 사진은 특히 눈에 띄었다. 야외에는 이곳이 항구였음을 증명해 주는 닻이 놓여져 있다 그리고 항구가 150년이상 되었음을 보여주는 상징물 역시 전시되어 있다. 아울러 한국인이 사용하던 맷돌도 있다.

　박물관에서 100m 즘 떨어진 곳에 포시에트 항구가 있었다. 이곳 항구를 중심으로 많은 한인들이 거주하였으며, 1914년에는 한인이주 50주년을 기념하기 위하여 이곳에 기념비를 세우고자 하

였으나, 1차 세계대전의 발발로 그 뜻을 이루지 못하였다. 항구에
는 석탄, 나무들을 싣는 선박들이 정박해 있었다.

포시에트 이정표   겨울철 포시에트 항구

1909년 안중근은 크라스키노에서 이곳으로 와 배를 타고 이등
박문을 처단하기 위하여 블라디보스토크로 향하는 배에 올랐다.

포시에트 항구 옛모습   포시에트 항구 현재모습

아울러 1920년 1월 만주 용정에서 15만원 의거를 일으킨 최봉설
역시 이곳에서 무기구입을 위하여 신한촌으로 향하였던 것이다.

2019년 2월 블라디보스토크에서 러시아 현대 미술사를 공부
하고 있는 박유은 교수와 함께 포시에트를 찾았다. 박물관뒤 고
개 넘어 해안가에는 조선에서 넘어오는 조선인들의 입국수속을
하는 세관의 옛 모습을 찾아볼 수 있었다.

크라스키노(연추)

크라스키노 전경

크라스키노(한국 명: 연추)는 구한말 대표적인 항일의병근거지로 널리 알려져 있다. 바로 대표적인 의병장인 최재형, 이범윤, 안중근, 류인석 등이 이곳을 근거지로 활동하였던 것이다. 이범윤은 경기도 고양(高揚) 출신이다. 1900년에 정부에서 만주로 이주한 동포들을 보호하기 위해 북변간도관리사(北邊間島管理使)를 두게 되었는데, 이때 그가 파견되었다. 1902년 6월 간도에 도착한 이범윤은 동포들을 보호하기 위해 사포대를 조직하였다. 그 후 러·일전쟁이 일어나자 이범윤은 러시아군측에 가담하여 한국을 침략하는 일본군을 공격하였다. 그러나 러시아가 패전하자 간도에 대한 일본군의 간섭이 잦아지고 1907년에는 드디어 통감부 임시간도 파출소가 생겨 이곳에서의 구국운동이 어렵게 되었다. 그는 항일투쟁을 전개할 뜻으로 노령 연해주로 망명하였다. 그러나 연해주에서의 활동도 용이하지는 않았다. 일본은 외교경로를 통하여 한국 독립운동을 견제하고 있었을 뿐 아니라, 러시아도 국내

사회주의 혁명 세력을 탄압하기 위하여 한국인의 무장 활동을 견제하였기 때문이다. 그러한 여건 하에서 이범윤은 무기를 구입하고 군사를 훈련하여 국내 침공작전을 감행하였다.

1918년 크라스키노 모습

크라스키노 이정표

크라스키노는 남면으로 넓은 포시에트만을 끼고 있었다. 시내에는 국경도시 답게 과거의 군 막사들이 이곳저곳에 흩어져 있었다.

1918년 크라스키노 모습(민속원 제공)

핫산

크라스키노에서 차로 한시간 30분 가량 달리니 러시아의 최남단 핫산에 도착하였다. 가는 길은 왠지 흥분과 긴장감이 돌았으나 주변은 바다와 평야 지대가 펼쳐져 있었다. 핫산에 도착하니 허름한 아파트 몇 채와 기차역 등이 보였다.

핫산 전경

핫산역

멀리 두만강과 핫산과 북한을 이어주는 철교, 북한 땅 등이 보였다. 우리 일행은 우선 두만강 철교가 있는 곳으로 향하였다. 두만강이 바로 손에 잡힐 듯 보였다. 북한과의 거리는 100미터 정도 밖에 떨어지지 않은 듯 하였다.

두만강

두만강 철교

　두만강 대안 핫산은 안중근이 국내진공작전을 전개하던 바로 그 현장이다. 숨을 죽이며 칠흑같은 어둠에 두만강을 건넜을 의사가 생각난다.

　안중근은 연해주의병이 1908년 7~8월 대규모 국내진공작전을 결행할 때 동의군의 우영장으로 한 부대를 거느리고 참전하였다. 안중근이 거느렸던 의병의 규모는 2백 명가량으로 추정된다. 안중근이 거느린 의병부대는 1908년 7월 7일 두만강을 도강 후 두만강 대안의 경흥군 홍의동에서 항일전을 개시하였다. 홍의동은 경흥읍에서 남동쪽으로 10여 km 떨어진 두만강 부근에 있는 마을이었다. 이들은 곧 경흥으로부터 출동한 일본군과 첫 전투를 벌여 일본군 척후보병 상등병 이하 4명을 사살하는 전과를 올렸다. 홍의동을 습격한 의병은 곧 북상하였다. 8일 경흥읍 남쪽 두만강 대안의 고읍동古邑洞 경유한 부대는 두만강을 따라 북상을 계속한 끝에 9일에는 경흥읍 아래 신아산까지 진출한 뒤 10일 새벽에 그곳 헌병분견대를 습격하였다.

핫산의 영웅들

연해주의병은 7월 18일 회령 남방 약 2km 지점까지 진격하였다. 그리고 회령군 영산에서 일본군과 전투를 벌였다. 영산전투에 대해 안중근은 다음과 같이 기록하였다.

> 일본 병정들이 습격하므로 충돌하기 4, 5시간 동안 날은 저물고 폭우가 쏟아져서 지척을 분간키 어려웠다. 장졸들이 이리 저리 분산하여 얼마나 죽고 살았는지조차 진단하기가 어려웠으나 형세가 어쩔 길이 없어 수십 명과 함께 숲 속에서 밤을 지냈다. 그 이튿날 6, 70명이 서로 만나 그동안의 사연을 물었더니 각각 대를 나누어 흩어져 갔다는 것이었다.(안응칠역사)

안중근은 영산전투 참패를 계기로 이후 연추로 귀환하였다. 1908년 8월 말 혹은 9월 초 정도로 짐작된다. 안중근은 그동안 겪었던 심신의 극심한 고통과 고단한 형세에 대해 다음과 같이 생생하게 기술하였다.

> (영산전투 후 탈출한 뒤 찾았던 민가의) 노인에게 감사하고 작별한 뒤에 그의 지시대로 하여 몇 날 뒤에 세 사람이 모두 무사히 (두만)강을 건넜다. 그제사 겨우 마음을 놓고, 한 마을집에 이르러 몇 날 동안 편안히 쉰 다음에 비로소 옷을 벗어보니 거의 다 썩어서 몸을 가릴 수가 없고 이가 득실거려 셀 수조차 없었다. 출전한 뒤로 전후 날짜를 헤아려 보니 무릇 한 달 반인데, 집 안에서 자 본 일이 없이 언제나 노영露營으로 밤을 지냈고, 장마비가 그침 없이 퍼부어 그동안의 백 가지 고초는 붓 한 자루로는 적을 수가 없다. 나는 노령 연추 방면에 이르렀다. 친구들이 서로 만나서도 알아보지 못하였다. 피골상접하여 전혀 옛적 모습이 없었기 때문이었다. 천번 만번 생각해 보아도, 만일 천명이 아니었더라면 전혀 살아 돌아올 길이 없는 일이었다(안응칠역사)

연추 귀환 후 친구들이 알아보지 못할 정도로 국내진공 한 달 반 동안 말할 수 없는 고초를 겪었던 것이다. 영산전투 참패 후 안중근이 마음속에서 "옛날 미국 독립의 주인공인 워싱턴이 7,8년 동안 풍진 속에서 그 많은 곤란과 고초를 어찌 능히 참고 견디었던고. 참으로 만고에 둘도 없는 영걸이로다. 내가 만일 뒷날에 일을 성취하면 반드시 미국으로 가서, 특히 워싱턴을 위해서 추상하고 숭배하고 기념하며 뜻을 같이 하리라."라고 하여 모진 고통을 이겨내고 미국 독립의 영웅이 된 워싱턴을 뼈저리게 경모하였던 사실도 자신이 겪었던 엄청난 고통을 그에게 가탁한 소이라 할 것이다.

　안중근은 영산전투에서 참패한 직후 자결을 결심하였을 만큼 큰 충격을 받았다. 참패 직후 그가 지은 다음 시에 당시 심경이 잘 드러나 있다.

　　사나이 뜻을 품고 나라 밖에 나왔다가　男兒有志出洋外
　　큰 일을 못 이루니 몸 두기 어려워라　事不入謀難處身
　　바라건대 동포들아 죽기를 맹세하고　望須同胞誓流血
　　세상에 의리없는 귀신은 되지 말거나　莫作世間無義神

아는 만큼 보인다 이용익[李容翊, 1854~1907]

이용익

함경북도 명천 출신이다. 러시아지역의 대표적인 독립운동가 이종호의 조부인 이용익은 서민의 아들로 태어나 소년 시절에 서당에서 수학하였다. 그 뒤 고향을 떠나 한때 보부상(褓負商)으로 행상하여 자금을 모았고, 함경남도 단천에 와서 금광에 투자, 거부가 되었다.

재화를 얻게 되자 큰 뜻을 품고 한성에 올라와 민영익(閔泳翊)의 집에 기거하면서 금광에 관한 정보를 제공하였다. 1882년 임오군란 때 충주로 피신한 민비(閔妃)와 민영익 사이를 발빠르게 오가며 비밀연락을 담당하였다. 그리고 민영익의 천거로 고종의 신임을 얻어 출세의 길을 잡았다.

1905년 을사조약이 강제 체결되어 국권이 박탈되고 이른바 보호정치가 시작되자, 육군부장(陸軍副長)이라는 직명으로 고종의 밀서를 가지고 원조를 요청하기 위해, 프랑스로 향하던 중 6월에 중국 산둥성옌타이항[山東省煙臺港]에서 일본 관헌에게 발각되었다.

이 때 밀령의 책임을 추궁 받을까 염려한 조선 정부에 의해, 일체의 모든 공직에서 파면되었다. 그 뒤 해외를 유랑하면서 계속 구국운동을 전개하다가 뜻을 이루지 못하고 블라디보스토크 인근 라즈돌리노예에서 객사하였다. 사망 시에 고종에게 유소(遺疏)를 남겼는데, 거기에는 '광건학교(廣建學敎), 인재교육(人材敎育), 국권회복(國權回復)' 등을 강조하였다.

이종호

4부

아무르 강변의 혁명가들
하바롭스크

하바롭스크시는

하바롭스크(러시아어: Хабаровск)는 러시아의 도시이다. 극동 연방관구의 본부가 있고, 러시아의 최동단 지역의 중심지이다. 동시에 하바롭스크 지방의 중심지이기도 하다. 강이 있는 도시가 얼마나 아름다운지를 단적으로 보여주는 도시이다. 차가운 시베리아라는 이미지를 씻어버릴 만큼 고풍스런 건물들이 아무르 강을 바라보며 줄지어 있고 많은 고원과 강을 따라 산책하기 좋은 오솔길, 극동의 역사를 간직한 시내는 관광객의 시선을 이끈다.

북위 48도 42부, 동경 135도 12부에 있다. 아무르 강의 우안에 있고, 우수리 강이 합류하는 지점의 바로 아래에 자리 잡고 있다. 수도인 모스크바에서 가장 멀리 떨어져 있다. 시베리아 횡단 철도경유로는, 8,523km의 지점에 있고 7시간의 시차가 있다.

기후는 몹시 추운 대륙성 기후를 보인다. 1월 기온은 -22℃, 7월 기온은 18~22℃이다. 강수량은 700mm이다. 냉대 기후에 속해 있다.

교통은 수·륙·공의 교통요지이다.] 하바롭스크는 시베리아 횡단 철도의 중요한 거점이며 콤소몰스크나아무레로 향하는 밤 철도 지선의 분기점이기도 하다. 또, 강은 겨울에는 장기간 얼어붙어 있다.

중국과의 거리는 30km이다. 아무르 강과 우수리 강의 합류점에 있는 대우수리섬(중국명: 黑瞎子島)은 중소 국경 분쟁에서 중국과 러시아가 각각 영유권을 서로 주장하고 있었다. 2004년의 국경 확정 문제는 대우수리섬이 러시아와 중국의 공동 관리에 합의했

기 때문에, 하바롭스크에 대한 국경 문제는 거의 완벽하게 해소
되었다.

1918년 하바롭스크

하바롭스크(현재)

하바롭스크와의 첫 만남

지금으로부터 거의 30여 년전, 1992년 1월 5일 러시아 국적 항공기인 AFL 818편에 몸을 실었다. 비행기에 탑승한 인원은 100여명이었으며, 한 줄에 3명씩 앉게 되어 있었다. 우리 일행은 극동의 첫 관문인 하바롭스크로 향하였다. 서울에서 2시간 20분이 소요된다는 기내 방송이 있었다. 우리는 오후 2시 35분에 김포공항을 출발하여 4시 51분에 하바롭스크 공항에 도착 예정이었다. 오늘날은 인천에서 아시아나 항공이 하바롭스크로 운행한다.

하바롭스크 첫 방문이후 20년 동안 여러 차례 이곳을 방문할 기회가 있었다. 과거에는 주로 비행기를 이용하여 이곳을 찾았으나 최근에는 블라디보스토크에서 시베리아 횡단 열차를 이용하게 된다. 소요시간은 13시간정도.

공항시설, 호텔시설 등 여러 측면에서 하바롭스크는 변화하고 발전하였다. 공항과 호텔은 산뜻하게 단장되었다. 특히 인투리스트 호텔 앞에는 2008년 5월 이 도시를 만든 야코프(yakov Diachenkov)의 동상이들어섰다. 1858년 5월 야코프장군 휘하에 있는 13시베리아 전투부대가 이곳에 상륙한 것을 기념하여 만든 것이다. 러시아의 유명한 조각가 Alexander Pukavishnikov가 만들었다. 아울러 향토박물관은 증축되어 멋진 어린이 박물관을 새로이 갖추었다.

항상 느끼는 부분이지만 하바롭스크는 여유롭고 평화로운 도시인 것 같다. 특히 유유히 흐르는 아무르강, 우조스 언덕에서 바라보는 그 강은 항상 여행객의 마음을 푸근하게 해준다. 더구나 아무르강을 가로 지르는 유람선에서 보는 러시아여인의 민속춤은 이곳이 러시아임을 더욱 실감나게 한다.

우리 교민들은 2013년 현재 150명 정도 살고 있으며, 사업, 선교사업 등을 하고 있다고 한다.

하바롭스크 공항

하바롭스크역   하바로프동상

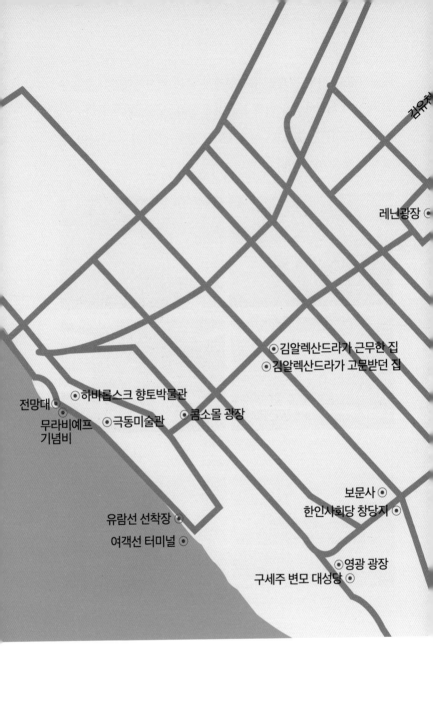

레닌광장 ⊙

⊙ 김알렉산드라가 근무한 집
⊙ 김알렉산드라가 고문받던 집

⊙하바롭스크 향토박물관
전망대⊙
무라비예프 ⊙극동미술관   ⊙콤소몰 광장
기념비

보문사 ⊙
한인사회당 창당지 ⊙

유람선 선착장 ⊙
여객선 터미널 ⊙

영광 광장 ⊙
구세주 변모 대성당 ⊙

하바롭스크

◉다니모
공원

◯ 하바롭스크 답사

김알렉산드라가 고문받던 곳 ⋯▶ 시베리아 내전시기에 희생된 빨치산 희생자 추모기념탑 ⋯▶ 한인사회당 보문사 ⋯▶ 한인사회당 창당지 ⋯▶ 김유천 거리 ⋯▶ 중앙시립공동묘지 ⋯▶ 향토박물관 ⋯▶ 우조스(전망대) ⋯▶ 하바롭스크 문서보관소 ⋯▶ 레닌광장 ⋯▶ 아무르강 ⋯▶ 아무르 강변 공원 ⋯▶ 아무르강 다리 ⋯▶ 콤소몰광장과 성모승천대성당 ⋯▶ 영광광장 전몰자위령비와 구세주변모성당 ⋯▶ 볼라차예프 카전투의 현장 ⋯▶ 나나이족 마을

아무르강의 조선여자 김알렉산드라의
유적을 찾아서

21세기에 사회주의자를 바라보는 시각

김알렉산드라

오늘날 하바롭스크를 방문하는 한국인은 누구나 김알렉산드라 뻬드로브나에 대한 이야기를 듣게 된다. 또한 김알렉산드라가 활동했던 하바롭스크시 맑스 거리(현재 무라비예프 아무르거리) 22번지에서 그녀의 얼굴이 동판으로 새겨져 있는 것(현재는 없어짐)과 "1917-18년 이 건물에서 알렉산드라 뻬뜨로브나 김(스탄께비치)이 일했다. 그녀는 볼셰비키당 시위원회 사무국원이며 하바롭스크시 소비에뜨 외무위원이기도 했다. 1918년 그녀는 영웅적으로 죽었다." 라는 기록을 접하게 된다.

그녀는 한국 및 러시아학계에 한인 최초의 공산주의자로서, 1910년대에 노령 연해주 시베리아에서 활동한 가장 대표적인 여성 혁명가로 인식되고 있다. 특히 그녀는 한국인이 조직한 최초의 사회주의 혁명정당인 한인사회당의 실제적인 설립 주체라는 측면에서 더욱 주목의 대상이 되어 왔다. 과연 그녀를 이념의 화신으로만 평가할 수 있을 것인가.상해에서 간행된 『독립신문』 1920년 4월 17일자에서 사회주의 계열의 대표적인 역사학자로 알려진 계봉우는 그녀의 인격에 대하여,

혁명사상으로 대한여자의 향도관(嚮導官)

사회주의로는 대한여자의 선봉장

라고 하여혁명사상, 사회주의뿐만 아니라 자유정신, 독립투쟁에서 그녀가 차지하는 위치의 중요성을 강조하고 있다. 또한 계봉우는 그녀를 "그는 과연 자유를 위하여 나고 자유를 위하여 일하고 자유를 위하여 죽어간 " 자유주의자로서의 그녀를높이 평가하고 있다. 그녀는 사실 공산주의자이기 이전에 민족주의자였으며, 혁명가였고, 자유주의자였고, 신여성이었던 것이다.

21세기에 들어선 오늘. 지난 세기동안 이념의 질곡 속에서 이념에 의하여 과장되어 포장된 것들을 하나 하나 풀어 복원시킬 때가 되었다고 본다. 김알렉산드라의 경우도 그 한 사례가 아닐까.

김알렉산드라는 누구인가?

김알렉산드라는 우수리스크 시넬리니코보 마을에서 1885년 2월 22일 출생하였다. 그녀의 아버지 김두서는 함경북도 경흥 사람으로 1869년 두만강을 넘어 러시아땅으로 이주하였다. 그 후 포시에트 근처인 지신허에 잠깐 거주하다가 추풍 시넬리니코보로 이주하였다. 정확한 이주연대와 이유는 알 수 없지만 지신허로 온 그 다음해로 추정되며 가옥과 식량 부족이 그 원인이 아닌가 추정된다. 김두서는 포시에트에서 배를 타고 블라디보스토크에 도착하여 도보로 우수리스크를 거쳐 시넬리니코보에 도착하였을 것이다. 육로로 우수리스크로 이동하는 길은 산과 구릉이 많아 어려웠을 것이기 때문이다.

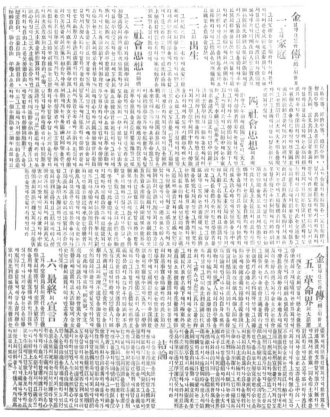

김알렉산드라 관련 독립신문 기사

시넬리니코보로 향하는 길은 함경도에서는 볼 수 없는 대평원이었다. 김두서는 그 평원들을 보며 새로운 희망과 기대에 벅찼을 것이다. 특히 시넬리니코보는 수이푼 강가에 있는 곳으로 중국 국경쪽으로 산으로 둘러싸여 있으며 농사도 잘되고 안정된 지역이었다. 김두서는 이 지역으로 이주한지 15년 만에 김알렉산드라를 낳았다. 그녀는 5남매 중 3째였다. 알렉산드라 뻬드로브나라는 이름은 러시아정교인 희랍정교의 예법에 따라 받게된 러시아이름이며 한국이름은 애리였다.

그녀의 어머니 선산 김씨는 그녀가아주 어릴 때 사망하였고, 그녀는 아버지에 의해서 키워졌다, 김두서는 처음에는 농사꾼이었으나 어학에 재능이 있어 러시아어를 익혀 통역 또는 포드랴치크(청부업자)로 일하였다. 그리하여 그녀의 집은 점차 윤택하여졌으며 그의 부친 역시 마을 사람들의 신망을 얻어 촌장(당시 노야라고 하였음)으로서 마을의 지도자가 되었다.

그러던 중 김두서에게 큰 전환기가 도래했다. 중국 하얼빈으로 가 러시아어 통역으로 일하게 된 것이다. 1896년 경 중국과 러시아를 연결하는 동청철도 공사가 시작되자 부친은 철도공사의 통역으로 동원되었다. 이때 알렉산드라도 아버지를 따라 중국 하얼빈으로 가게 되었으며 그곳에서 중국에 대한 견문과 중국어를 익힐 수 있는 계기가 되었다. 또한 16세의 청소년기인 1900년에 의화단 사건을 직접 목도하면서 제국주의의 침략과 그에 대한 중국민중 들이 저항을 직접 체험하였을 것이다.

사춘기였던 18세의 나이인 1902년 그녀는 하얼빈에서 부친을 여의였다. 이국 땅에서 부친을 잃은 그녀의 슬픔은 짐작이 가고 남음이 있다. 그리고 그녀는 부친의 폴란드인 친구인 스탄께비치에게 맡겨졌고 그의 아들에게 시집을 가게 되었다. 그녀의 폴란드인과의 결혼은 당시에도 획기적인 일이 아니었나 생각된다. 폴란드는 오랫동안 러시아의 시달림을 받은 나라였고, 한국 역시 제국주의 열강에 고통받고 있는 약소민족국가였다. 따라서 김알렉산드라의 결혼은 러시아에 살고 있는 약소민족간의 결혼으로 이해된다. 아울러 그녀가 폴란드인과 결혼할 정도로 당시 한인 2세로서 러시아어에 능숙한 여인이었음도 짐작해 볼 수 있다.

결혼 후 다음해인 1903년 10월 그녀는 하얼빈에서 첫 아들을 출산하였으나 그만 낳은지 얼마 안되어 죽고 말았다. 1902년 부친을 여읜 그녀, 그리고곧 이은 결혼,그리고 출산과 더불어 아이의 죽음. 이 모든 것은 그녀에게는 감당하기 힘든 큰 고통이었을 것이다.

결국 그녀는 남편과 함께 블라디보스토크로 돌아왔다. 그리고 그녀는 그곳의 러시아 여학교에 입학하여 학창시절을 보냈다. 이 시절에 그녀는 1905년 러시아 1차 혁명의 영향을 받았고, 또한 민족의식도 고양되었던 것으로 보인다.

김스탄게비치가 활동한 집(1992)

그녀의 혁명사상 형성에는 그녀의 남편 청년 스탄께비치의 영향 또한 컸을 것으로 짐작된다. 그녀의 남편은 연해주지역에서 러시아혁명의 필요성을 공감하며 진보주의자들과 교류를 가진 지식인이었다. 그는 폴란드인으로서 피압박민족, 소수민족들의 민족운동과 반짜르운동에 관심을 기울이고 있었던 것이다. 그러므로 계봉우는 알렉산드라가 결혼한 후 "사상이 점차 고도로 향상하야 자유, 평등, 공동의 3대주의를 연마실천하려고 결심하였다"고 언급하고 있다. 또한 부친을 여윈 슬픔과 아이를 잃은 슬픔은 그녀로 하여금 더욱 혁명운동에 빠져들게 하였는지도 모른다.

김스탄게비치가 활동한 집(현재)

김 알레산드라는 1905년 겨울부터 1907년까지 약 2년동안 블라디보스토크에서 일어난 노동운동에 참가하였다. 그녀는 민주화운동에 참여한 혐의로 짜르 헌병대에게 쫓기게 되자 러시아인 동지들과 함께 중국 길림성 동녕현 삼차구 남가우령 조선인촌으로 피신하기도 하였다. 그곳은 자신의 고향 시넬리니코보와도 인접한 지역이었다. 이때 그녀는 중국과 러시아의 국경을 이루고 있는 우사거우강을 넘나들기도 했다. 그러던 중 한번은 밤중에 강을 건너다 물에 빠져 두발이 얼어터져 겨울내내 치료를 받기도 하였다. 한편 김알렉산드라는 블라디보스토크에서 학교를 졸업한 후 고향마을에서교사로서 학생들에게 민족의식을 고취시키기도 하였다.

1910년 일제에 의하여 조국이 강점 당한 후 1914년 1차세계대전 발발하자 많은 한인들이 우랄지역으로 가 무기공장 또는 벌목장에 가서 일을 하게 되었다. 그러나 제정러시아는 언어적 장애 등으로 인하여 계약기간이 지났음에도 불구하고 그들의 임금을 주지 않았다. 이에 블라디보스토크의 조선인민회에서는 여러 방도를 취하였으나 일이 뜻대로 이루어지지 못하였다. 이에 민회에서는 1914년 말 러시아어에 능통한 알렉산드라를파견하여 이 문제를 해결하도록 하였다. 당시 한인사회의 여성이 홀몸으로 이역만리 우랄지역으로 간다는 것은 보통 과단성과 용기가 없으면 힘든 일이었음은 두말할 여지가 없을 것이다. 더구나 남편이 있는 부인으로서, 두 아이의 어머니로서 더욱 상상하기 어려운 일이다.

결국 그녀는 우랄로 가 조선인의 임금 문제들을 해결하여 그 지역의 조선인들로부터 큰 존경을 받게 되었다. 그러한 과정 속에 1917년 2월 러시아 혁명이 발발하였고 그녀는 예카제린부르크에서 볼세비키가 되었다. 그리고 당의 요청에 따라 극동지역의공산주의화에 기여하기 위하여 극동지역으로 파견되었다. 그녀는 한인 노동자들을 보호하고 조국을 해방시키기 위해서는 이 길만이 유일한 선택이라고생각하였을 것이다.

1917년 6월말 예카제린부르크를 떠나 옴스크-치타-모고차-하바롭스크로 이동하여 7월말 하바롭스크에 도착하였다. 그 후 그녀는 1917년 10월 5일블라디보스토크에서 개최된 제2차 러시아 사회민주노동당 극동지방 대표자 대회에 무라비요프 아무르스크 대표로참석하였다. 그리고 곧 다시 하바롭스크로 돌아와 1917년 12월 25일에서 1918년 1월 2일 개최된 제3회 극동지방 소비에트 대회에서 집행위원회 위원으로 선출되었다. 아울러 1월 18일 극동지방 노농병소비에트자치위원회(이후 극동인민위원회로 개칭함)에서 하바롭스크시 책임서기 및 회계로 선출되었고, 그 후 극동인민위원회 외교부장으로 일하였다. 그러던 중 1918년 4월 한인최초의 사회당인 한인사회당 결성에 중추적인 역할을 담당하였다. 이 점 역시 한인들이 사회주의운동에 동참해야만 러시아에서 평등한 대우를 받을 수 있으며 조국을 독립시킬 수 있다고 인식하였기 때문일 것이다.

1918년 9월 4일 하바롭스크가 일본군과 백위파군에 함락되고, 9월 10일 마지막 탈주선인 "남작 코르프"호가 하바롭스크를 떠나 아무르주의 블라고베시첸스크로 이동하기 위하여 아무르강을 따라 가다가 중간 지점에 이르렀을 때 백위파군의 포함에 체포되고 말았다.

김알렉산드라 등이 고문받던 집

현 주소: 깔리리나 63번지

현재 1층에는 경찰이, 2층은 민방위 재해 교육기관으로 이용되고 있었다. 건물 벽면에는 1918-22년까지 백파와 간섭군에 의하여 수백명의 빨치산들이 고문을 받았던 곳이라고 쓰여져 있었다.

아마도 김알렉산드라를 비롯하여 수많은 한국인 독립운동가들도 이곳에서 고문을 받았던 것으로 추정된다.

하바롭스크로 이송된 그녀는 악명높은 깔미코프의 신문을 받고 결국 1918년 9월 하바롭스크 인근 죽음의 골짜기(추정)라고 불리우는 곳에서 처형되고 말았다.

김알렉스드라가 고문받던 집

시베리아 내전시기에 희생된 빨치산 희생자 추모기념탑

현 주소: 칼 막스거리 130번지 일대

추모기념탑

1918~1922년 사이에 러시아 혁명을 위해 숨진 빨치산 들을 추모하기 위하여 세운 탑으로 "죽음의 계곡"으로 알려진 이곳에서 김알렉산드라 등 한인들도 살해당한 것으로 알려져 있다. 비문에는 "소베에트 권력을 위해 죽은 사람들의 영혼을 항상 기억하라"라는 문구가 들어 있다.

1918~1920년 사이에 시베리아에 출병했던 외군군과 제정 러시아군대에 의하여 죽은 빨치산들을 추도하는 기념비가 서 있었다. 그곳은 국민들에 의하여 "죽음의 골짜기"라고 불리우는 곳이었다.골짜기는 아직도 그대로 남아 옛 모습을 볼 수 있는 듯 하였다. 김알렉산드라는 바로 이곳에서 세계사회주의 혁명의 성공과 조선의 자유와 독립을 갈구하며 죽어갔다. 그녀의 죽음을 증명하는 서류에는 그녀가 얼마나 혹독하고 잔인하게 죽음을 당하였는지를 보여주고 있다.

러시아혁명 당시 모습

현재 러시아에서 간행된 자료들에는 김알렉산드라가 우조스 언덕에서 처형된 것처럼 묘사되고 있다. 그것은 그녀의 항일투쟁과 혁명활동이 그 누구보다도 활발하였기 때문에 하바롭스크의 상징인 우조스에서 그녀가 처형된 것처럼 묘사되고 있는 것 같다. 앞으로 이 부분에 대하여도 보다 심층적인 검토가 요구된다.

한인사회당 보문사

❇ 현 주소: 깔리리나 거리 27번지
❇ 옛 주소: 뽀뽑스카야 27번지

우리 일행은 다시 한인사회당의 유적지를 찾아 나섰다. 우선 계봉우의 『조선역사』를 간행한 보문사 건물로 향하였다. 이 건물은 현재 하바롭스크시 직업교육관리국으로 이용되고 있었다. 건물은 붉은 벽돌로 2층으로 되어 있었다.

한인사회당 보문사　　　　대한민국임시정부
　　　　　　　　　　　　국무총리 이동휘

한인사회당 창당지

한인사회당 창당지

다시 우리는 한인사회당이 조직되었던 뽀뽑스카야 15번지(현재 깔리리나 거리 15번지)를 찾아 나섰다. 1918년 모스크바에 있는 제3국제공산당에서는 극동 방면의 공산주의 선전위원으로 그레고리노프를 파견, 하바로프스크를 활동 근거지로 하여 공산주의 선전을 펴게 하였다.

이 무렵 오랫 동안 독립운동에 전념해 온 이동휘는 항일독립운동을 승리로 이끌기 위해서는 볼세비키정권의 원조가 꼭 필요하다고 판단하였다. 그리하여 그레고리노프의 원조 아래 한인사회당을 결성하고, 연해주와 흑룡강 지방에 8개의 지부를 설치하게 된다.

그런데 근본적으로 민족주의를 배격했던 볼세비키정권이, 한인사회당을 원조하는 이유는 다른 데 있었다. 눈앞에 닥칠 일본군의 출병을, 한인들의 항일민족운동으로써 막겠다는 계산이 깔려 있었던 것이다.

이렇게 결성된 한인사회당의 창당 간부로는 위원장 이동휘(李東輝), 부위원장 박애(朴愛, 朴마다베이), 선전부장 전일(全一), 비서부장 박진순(朴鎭淳, 미하이 朴), 정치부장 이한업(李漢業, 李漢榮의 잘못), 교통부장(연락책) 김립(金立) 등이 선출되었다.

위의 창당 간부 중 전일은 1919년경 러시아령으로 넘어간 것으로 보아 창당 멤버로 인정할 수 없다는 견해도 있다. 한인사회당이 창당된 지 얼마 안 되어 일본이 시베리아로 군대를 파견하였다.

그리하여 이 지역의 적군(赤軍)과 볼세비키 조직은 궁지에 빠졌고, 레닌정권 세력이 잠시 시베리아에서 물러나 한인사회당도 타격을 입고 활동이 정체되고 말았다. 그 뒤 1919년 국내에서 3·1운동이 일어나자 이동휘 등은 블라디보스토크로 집결해 재기를 노리게 되었다.

그들은 기회를 보아 독립을 선언하고, 레닌정권의 원조를 얻어

독립운동을 전개하려고 하였다. 그리하여 같은 해 4월 25일 블라디보스토크 신한촌(新韓村)에서 한인사회당의 대표자대회를 열어, 박진순·박애·이한영의 3명을 사절단으로 뽑아 소련의 코민테른에 파견하기로 결정하였다.

이들 3명은 모스크바에 가서 한인사회당의 코민테른 가입을 선언하고, 한인사회당의 당원 명부를 코민테른당국에 제출함으로써 막대한 독립운동자금을 얻어내는 데 성공하였다.

그 뒤 이동휘는 블라디보스토크를 떠나 상해로 왔으며, 모스크바에 파견되었던 박진순 등의 사절단은 이르쿠츠크에서 자금 피탈사건을 겪고 상해로 와 다시 모이게 되었다. 상해에 모인 한인사회당 간부들은 민족 진영의 일부 독립운동자들까지 규합, 1921년 1월 고려공산당으로 이름을 바꾸고 활동을 시작하였다.

한편, 일제 관헌문서에는 1920년 3월 한인사회당의 중앙총회 임원으로 회장 장도정(張道政), 부회장 김미하일(미하일로우치), 의사회장 김진(金震), 부의사회장 이흥삼(李興三), 선전부장 전일, 노동부장 조장원(趙璋元), 재정부장 이영호(李榮浩) 등의 명단을 싣고 있다. 그러나 한인사회당창당지는 새로지을 아파트 부지로 되어 있어 그 흔적을 찾아 볼 수 없었다. 또한 우리들은 한인사회당 당 간부 회관으로 이용하던 뽀뿔스가야 18호 이전 철도국 건물도 찾아보았으나 현재에는 빈터로만 남아 있어 그 흔적을 찾아 볼 수 없었다.

김유천 거리

김유천 거리

마르크스 거리 북쪽에 위치하고 있는 김유천 거리를 답사하였다. 김유천 즉 김유경은 1900년 연해주 수이푼 구역 차삐고우 마을에서 출생하였다. 그는 1921년 초에 볼세비키 군에 가담하였다. 조선인으로서 소련군 76여단에 소속되어 1929년 중동철도사건 시에 참전하여 전사한 인물이었다. 소련군에서 그는 러시아인 지휘관 꼰스딴찐 자빠린과 친해졌다. 두 사람은 공산당원이었고, 소대를 지휘했다. 1929년 10월 2일 자빠린은 자기 소대를 이끌고 적의 요새를 공격하다가 싸움터에서 전사하였다. 이에 김유천은 친구의 죽음을 복수하려고 노력하였으나 결국 그도 심하게 부상당하여 전사하고 말았다. 그 후 김유천과 자빠린의 무덤에는 기념비가 세워지고 붉은 별로 장식되었다. 1930년 근로자대표 하바롭스크시 소비에트 집행위원회는 도시의 한 거리는 김유천거리로, 또 다른 거리는 꼰스딴진 자빠린 거리로 명명하였다.

중앙시립공동묘지

　카알 막스 거리 입구에 위치한 중앙시립공동묘지를 방문하였다. 1937년 강제이주시 학살당한 한인들과 러시아인들의 영혼을 위로하기 위해 1990년 10월에 건축한 "기억 사원"이라는 조그마한 러시아 사원이 있었다. 여기에는 작가 조명희, 박 알렉산드라 미하일로비치, 강고간 등 3인의 위패가 모셔져 있었다. 그리고 묘비에는 "여기에 잠깐 서서 스탈린 시대에 죄 없이 죽어간 사람들에게 인사드려라" 라고 되어 있었다.

　2013년에 방문한 중앙묘지에는 1937년 죽어간 수많은 사람들의 이름이 적혀 있는 기념판이 새로이 조성되어 있다. 그 중 한 곳에는 조명희란 이름이 러시아어로 세겨져 있었다.

중앙시립공동묘지 기억사원과 조명희 등의 추모판

　조명희(1894-1938)는 한 때 소련작가동맹의 요직을 맡기도 하였다. 그리고 동포 신문인 『선봉』, 잡지인 『노력자의 조국』 편집을 담당하기도 하였다. 그의 대표작은 일제의 농민수탈과 이에 저항하는 지식인 운동가의 삶을 그린 <낙동강>을 비롯, <붉은 깃발 아래에서>, <짓밟힌 고려인> 등이 있다.

　1937년 가을 어느 날 그는 체포되고 1938년 4월 15일에 사형 언도를 받고 5월 11일 총살되었다. 하바롭스크시 안전위원회 고문서과에는 "조명희는 일본을 위한 간첩행위를 감행하는 자들을 도운 죄로 헌법 제58조에 따라 취조와 재판도 없이 최고형-총살 선고를 받았다"고 되어있다. 그는 1956년 제20차 당대회 이후에야 복권되었다.(『레닌기치』, 1990.4.4 및 『고려일보』, 1991.8.23)

1988년 12월 10일 타쉬켄트시의 알리세트 나자미 명칭 국립원고연구소 문학박물관에 "조명희 문학기념관"이 세워졌다. 1989년은 조명희 탄생 95주년으로 그의 제자들이 조명희 기념비, 동상을 세우자는 운동을 동포 사회 곳곳에서 펼쳐졌다.

김승빈

한편 중앙시립공동묘지에는 신흥무관학교 교관으로 만주·러시아에서 독립운동을 전개한 김승빈이 30구역에 모셔져 있다.

향토박물관

향토박물관은 아무르 강가에 위치하고 있는 오래된 벽돌 건물로 1896년에 러시아 지리학회의 아무르 강 유역지부에 의해 설립되었다. 박물관 입구에는 금나라 것으로 추정되는 거북이상과 원숭이상이 전시되어 있었다. 특히 이 박물관에는 혁명 당시의 자료와 사진들이 전시되어 있어서 필자의 눈길을 끌었다. 혁명과정과 그 이후의 시대상을 이해하는데 큰 도움이 되었다. 예전에는 독립운동가 김알렉산드라 사진과 이 지역의 항일독립운동가 이용부대의 늠름한 사진들도 전시되어 있었다. 그러나 이들 한인관련 사진들은 최근 몇 년동안 사라지고 말았다. 몇 년 전 학예사에게 문의하여 김알렉산드라 관련 소장 자료를 별도로 확인해 볼 수 있었다. 2013년에는 1920년에 있었던 니항사건 관련 사진들이 다수 전시되어 있음을 확인할 수 있었다.

향토박물관 외관과 원숭이상

이 박물관 앞에는 여진장군의 비석이 서 있었다. 우리는 이곳 연구원인 알렉세이의 안내로 혁명기념관을 둘러보았다. 이곳에는 1918년 시베리아에 출병하였던 일본, 미국, 영국, 프랑스, 카나다 등 여러 국가들의 군대 모습과 체코군대의 시위 행진 모습, 무기 등도 있어 이 분야를 이해하는데 큰 도움이 되었다. 몇 일 전 블라디보스토크 해안가에 자리잡은 해군묘지에서 본 시베리아에 출병한 외국군인들의 묘지석들이 눈가를 스쳐갔다. 이국 타향에 묻혀 있는 그들은 자신들의 행동을 어떻게 반추하고 있을까.

박물관에는 일본군의 시위행진 모습 등 여러 모습의 사진들이 있어 더욱 흥민 진지하였다. 하바롭스크 일본영사로서 그녀의 활동을 예의주시하며 김알렉산드라의 사망 확인을 요청한 다께우치(田口)의 사진도 있었다. 또한 일본군의 전투장면, 러시아 백군을 지도하는 일본군의 모습도 볼 수 있었다. 특히 관심을 끈 것은 백군 지도자들의 모습이었다. 꼴차크, 깔미코프, 홀바트, 세미노프 등의 사진은 처음 대하는 것이었다. 특히 홀바트의 경우 흰 수염

이 더욱 인상적이었다.

　박물관의 문서담당인 수센코 갈리나는 우리를 문서보관실로 안내해 주었다. 그곳에는 김알렉산드라에 대한 자료, 사진뿐만 아니라 이준 열사의 아들, 이용, 한창걸 부대의 사진 및 여러 빨치산 사진들이 보관되어 있었다. 김알렉산드라에 대한 자료로는 그녀와 함께 활동했던 이인섭, 골리엔코 등의 글과 그녀의 아들 오가이 보리스의 편지, 그리고 젊은 시절 김알렉산드라의 사진, 하바롭스크시 책임비서 및 원동인민위원회 외무부장 시절의 사진 등이 보관되어 있었다.

　신축된 박물관은 어린이 및 생태 박물관으로 이용되고 있었다. 박물관 주변에는 적군 전쟁박물관, 극동미술박물관, 음악강당 등이 있었다. 특히 이중 콘서트 홀은 2차세계대전 당시 포로로 잡힌 일본군들이 지은 것이라고 하여 흥미를 끌었다.

우조스(전망대)

우조스 언덕

　우리 일행은 점심 식사 후 김알렉산드라가 처형되었다고 알려진 우조스로 향하였다. 이곳은 하바롭스크를 개척한 하바로브가 처음 도착한 곳이다. 그리고 이곳이 러시아 영토임을 밝힌 곳이다. 따라서 하바롭스크에서 이곳은 지역을 상징하는 성스러운 곳이었다. 그래서 인지 그곳에는 초대 하바롭스크 총독인 무라비예프의 동상이 멀리 아무르강을 바라보며 서 있었다. 우리는 우조스 언덕 아래로 내려가 낚시를 즐기는 아무르강변의 사람들을 보았다. 강의 얼음을 깨고 낚시를 하는 러시아인들의 여유로움이 부럽기 그지없었다.

무라비예프 동상

하바롭스크 문서보관소

다음에 하바롭스크 문서보관소로 향하였다. 그곳에서 우리는 이인섭이 쓴 그녀에 대한 회상기를 찾아 볼 수 있었다. 회상기에는 그녀에 대한 자세한 내용들이 포함되어 있었다. 또한 그녀의 동지 골리엔코가 쓴 책도 있었다.

레닌광장

다음에는 이 도시의 중심에 있는 레닌 광장에 가 보았다. 레닌 동상은 시대의 흐름을 아는지 모르는지 그대로 서 있었다. 광장에는 단란한 한 때를 보내는 가족들로 붐비었다. 특히 광장에 전시되어 있는 얼음 조각들은 밤의 운치를 더욱 화려하게 장식하고 있었다.

관광명소

⫸ 아무르강과 안중근

하바로프스크 시내 한복판을 흐르는 아무르 강은 러시아에서 제일 긴 강으로 동시베리아와 중국 동북지방의 경계로 중국에서는 '흑룡강'으로 불리며 북쪽 오호츠크해로 이어진다.아무르 강 유역의 습지대는 황새와 더불어 한국에서 월동하는 두루미가 번식하는 철새의 고향이다. 강가 언덕에서는 아무르강의 전체적인 모습이 눈에 들어왔다. 4-5KM나 되어 보이는 용모양의 강을 바라보며 우리의 선열들이 이 강을 건너며 얼마니 오랫동안 고생하며 항일운동을 전개했을까 하는 생각들이 들었다.

우조스 언덕 뒤편에는 동시베리아 총독이었던 무라비에프 아무르스키 동상이 서 있었다. 무라비예프 기념비는 1893년에 처음 만들어졌다가 1992년 현재의 청동상이 만들어졌다,비문에는 "아무르안에 최초로 발을 디딘 러시아의 명예로운 아들에게 바친다"라고 새겨져 있다. 무라비예프 동상은 극동의 여러 지역에서 볼 수 있었다.

20년이 지난 오늘날에도 아무르강 옆무라비예프는 아무르강 멀리 중국땅을 의연히 바라보고 서 있었다. 아무르강 맞은편 중국은 아무르강과 오소리강의 합류지점으로 중국의 동쪽 끝인 무원현(撫遠縣) 오소진(烏蘇鎭)이다.

아무르강

안중근의사는 국내진공작전에서 포로를 풀어주고 동포들에게 외면당하자 자신을 성찰하기 위하여 연해주 여러곳을 유랑하였다. 이때 안중근의사는 이곳 하바롭스크 동포사회도 방문하였다. 또한 김 스탄게비치가 체포될 때 그녀는 아무르강에서 배를 타고 도주하다가 결국 채포되었던 것이다.

⫸ 아무르 강변 공원

아무르강 일몰

러시아 하바롭스크에 있는 아무르 강변의 공원. 아무르강은 하바롭스크로 들어가는 중요한 통로 구실을 하고 있다. 이 아무르강을 따라서 조성된 공원으로 하바롭스크의 중심에 있는 레닌광장에서 그리 멀지 않은 곳에 자리 잡고 있고 콤소몰광장에서도 공원 안으로 들어갈 수 있다. 공원 전망대 앞에는 시베리아철도를 처음 제안했던 무라비요프 아무르스키의 동상이 자리 잡고 있다. 작은 매점 등이 있어 가벼운 음식 등을 살 수 있는 곳이 마련되어 있다. 산책로가 있어 시민들이 운동과 휴식을 즐기기 위해 찾는다. 강가에 서서 시베리아의 아름다운 풍경을 볼 수 있어 관광객들도 많이 찾는다.

아무르강변

⫸ 아무르강 다리

아무르강 다리는 1916년에 처음으로 건설되었으며, 아무르강의 기적
이라고 불리운다. 길이 2.5km, 높이 60m, 1999년 10월에 새로이 다리
가 건설되었다. 길이 2.6km, 2층으로 되어 있다. 위층에는 자동차, 아래
층에는 기차가 다닌다.

아무르강 다리

⫸ 콤소몰광장과 성모승천대성당

콤소몰광장

콤소몰(공산주의청년동맹) 광장은 인투리스트 호텔과 아무르강변에서
도보로 10분정도 소요되는 거리에 위치하고 있다. 이 광장에는 러시아
혁명시 투쟁했던 혁명가들을 위한 기념물이 설치되어 있으며, 아울러
성모승천대사원이라고 불리는 아름다운 러시아정교회 사원이 있었다.
이 사원은 유럽풍으로 되어 있었다. 저녁에는 특히 야경이 아름답다.

콤소몰광장 위령비   성모승천 사원

⑩ 영광광장 전몰자위령비와 구세주변모대성당

하바롭스크 방송국 옆에 있는 2차대전 중에 소련을 위하여 죽어간 수
천명의 이름이 새겨져 있는 위령비를 답사하였다. 한인들의 이름은 거
의 보지지 않았다. 당시 한인들은 주로 노동부대에 동원되었던 것이다.
방송국 옆에는 열사들의 추도비와 더불어 최근 아프카니스탄 등에서
전사한 이 지역 용사들을 추도하는 영혼의 불과 추도비가 새로이 조성
되어 있었다. 그 옆에 아름다운 러시아 정교사원이 있었다. 러시아사람
들은 이 곳을 대성당이라고 부르고 있다. 추도비 인근에 정교사원들이
있는 것은 망자의 영혼을 위로하기 위한 것이 아닌가 추정되었다.

영혼의 불   러시아정교사원

⑩ 볼로차예프카전투의 현장

하바롭스크에서 자동차로 북쪽으로 1시간 정도 달리니 넓은 평원에
약간 높다란 산봉우리가 하나 나타났다. 볼로차
예프카 전투지였다. 이곳은 1922년 2월 10일 러
시아내전을 승리로 이끈 주된 전투지역이었다.
그래서 러시아인들은 이 지역을 자랑스럽게 여기
고 있다. 산봉우리전투 고지에는 그 날의 승전기
념비가 웅장하게 그 위용을 자랑하고 있었다. 이
전투에 참여하여 빗발치는 총탄 속에서 돌격 앞

최봉설

으로를 외치던 최봉설 등 한인 독립운동가들의 모습이 떠올랐다. 당시 혼성여단장이었던 제.아. 뽀뽀브는 자신의 휘하에서 싸운 한국인들에 대하여 다음과 같이 기록하고 있다.

볼로차예프카 전투 기록화

영하 40도 되는 2월 10일. 부대는 진공을 개시하였다. 제6연대 조선인 중대가 먼저 철조망에 접근하여 돌격하였다. 다수 병사들에게는 쇠줄을 끊는 가위가 없었기 때문에 그들은 총창, 심지어는 자기의 몸으로 철조망을 끊게 되었다. 적군 장갑차에서 맹렬한 기총 사격을 하였다. 중대 병사들은 철조망에 걸린 채 거이다 죽었다

이 전투에 참여한 조선인들은 러시아 붉은 군대의 승리가 바로 조국의 독립과 직결된다고 굳게 믿고 있었다. 당시 백군은 일본군과 연합하여 러시아적군과 대항하여 전투를 벌이고 있는 상황이었던 것이다. 그러므로 한국인들은 러시아적군과 연합하여 일본군과 러시아 백군을 물

리치고자 하였다. 따라서 한국인들의 전투참여는 바로 일본군을 물리치고 조선을 해방시키기 위한 것이었던 것이다. 당시 한국인들이 외친 "연해주는 조선의 열쇠이나. 연해주 해방을 위하여 앞으로" 라는 구호는 이를 반증해 주고 있다.

볼로차예프카 전투에서 한국인 12명이 전사하였고, 박충훈, 김대선, 김용선, 방규한 등과 다수의 중상자가 있었다. 이 전투의 공로로 고려인 6연대는 적기훈장을 받았으며, 그 이후 한인부대는 '볼로차예프카 연대'라고 명명되었다.

◈》 나나이족 마을-Sikachi-Alyan

하바롭스크에서 76km 떨어진 아무르강 변에 약 300명 정도가 거주한다. 박물관과 거주민들의 집이 위치하고 있다. 민속공연도 행해진다.

나나이족 마을

나나이족 가옥

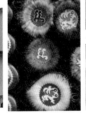

나나이족 박물관

나나이족 전통문양